人を動かすマーケティングの新戦略

ACTIVATION DESIGN

「行動デザイン」の教科書

博報堂行動デザイン研究所［著］
國田圭作［著］

すばる舎

はじめに

こんな疑問を感じたことはないでしょうか。

・なぜ「返品OK」は有効なのか？
・なぜ百円均一に人は反応するのか？
・なぜポイントをつけると人は動くのか？
・なぜ「ついでに」という頼み方が有効なのか？
・なぜ有名人が広告に起用されるのか？
・なぜハイボールはこんなに普及したのか？
……等々。

いくつか、「あれ？　そういえば、なぜだろう？」と思うものもあったのではないでしょうか。

これらの「なぜ？」に共通しているポイントは、実はすべての解が「なかなか行動に移らないという生活者の特性」から導き出される、というところです。

日頃、「モノ（商品／無形のサービスを含む）」でマーケティングを考えていると、すべてをモノの問題（ハイボールは安くておいしいからだよね、がらがらのお店は高くてまずいからだよね、商品で差がつかないから有名人を使うんだよね……）にして答えを出そうとしてしまいます。

それはある程度、正しいときもありますが、やはり限界があります。なぜなら今日、多くの課題はモノの外にあるからです。「一生懸命つくった、品質にこだわった商品」がときどき売れない理由は、おそらくモノの中にはありません。「モノが多すぎて選べない」「差がよくわからない」「間に合っている」……といった生活者側の問題、つまりモノの外側の問題なのです。

本書は、今までマーケティングをモノで発想しがちだった「モノ頭」を、「行動頭」に切り替えるためのアプローチを解説する本です。だから、「マーケティングの新戦略」なのです。上記の「なぜ」の答えが気になる方は、ぜひ本編を読んでみてください。「なるほど、そういうことだったのか」ときっと腹落ちするはずです。

「モノ」で思考すると出てこない答えが、「行動」で考えると見えてくるのです（もう少し正確にいうと、「人はなかなか行動に移らない」という特性で考えると、答えが見えてくるのです）。

でもなぜ、モノで考えてはダメなんでしょうか。

▼▼▼私たちの生活はモノなくしては成立しない

最近「モノからコトへ」というフレーズをよく耳にします。「モノ離れ」ということばもよく出てきます。「断捨離」とか「ミニマリズム」という形で、モノのない生活を主張している人もいます。車を持たずに「カーシェアリング」で満足している人も増えています。

でも本当に「モノ離れ」なんでしょうか。

ひと通りモノが普及して、消費意欲が停滞しているのは事実です。例えば、急成長してきたスマートフォン（スマホ）市場でも、さすがにここまで普及すれば踊り場を迎えます。

でも、よく考えてみてください。数十年という幅で時代を比較すれば、私たちの生活は以前よりはるかにモノ（商品）に依存しているのです。

筆者の両親が亡くなって、古い実家を整理したときに出てきたモノの数といったら、驚きでした。細々とした老人の暮らしだったはずなのに、なぜこんなにたくさんのモノを必要としていたのでしょうか。むしろ、年齢を重ねれば重ねるほど、その生活を支えるちょっとしたモノのお世話になる必要が出てくるのでしょう。

今は住宅（一戸建て）も、昔のように現場で大工さんが柱から手づくりする姿は希有になりました。工場でつくられた規格の部材を組み立てるだけです。家が「モノ」の集合体に変わっているのです。

職人として長年修行を積まなくても、マニュアルを読めば新人でも一定レベルの作業ができるようにするには、モノではなかった部分をモノ化するのが早道です。

規格品化すればモノは量産可能になります。量産化すれば、コストはどんどん安くなり、手に入れることが容易になります。

こうして、世の中にはどんどんモノが増えていきます。


今、筆者はたまたま都心のショッピングモールのテラス席でこの原稿を書いています。初夏の日差しが広場に差し込み、気持ちのいい風が、噴水の上を渡っていきます。とてもナチュラルで快適な空間に思えますが、よく見ると自分を囲むたくさんのモノの存在に気づきます。舗道のタイルも、花壇の草花も、噴水の水栓も、すべてユニットプライスがついている市販の商品です（業務用ですが）。

テーブルの上にはパソコンと手帳、スマホ、そしてテイクアウトのコーヒーカップ。隣の席の2人はペットボトルのお茶を飲んでいます。

筆者の「快適な時間」は、これだけたくさんのモノに囲まれて成立しているのです。


夜、寝ている間はモノと関係ないだろう、と思うかもしれませんが、そんなことはありません。お気に入りの寝具、マッサージ器、冷え性の人は腹巻きやソックス、そしてベッドサイドには携帯電話と目覚まし時計。エアコンもかかっています。

快適な睡眠はたくさんのモノに支えられています。

数えようがないので正確にはわかりませんが、各社の企業努力の結果、モノの数は確実に年々増え、常に人類史上最高記録を更新しているのではないでしょうか。「断捨離」や「ミニマリズム」もけっこうですが、モノから離れて暮らすことは不可能です。現代の経済はモノの消費で回っているからです。

ここが重要なところなのですが、「モノ離れ」だから「モノの外で考えよう」と言っているのではないのです。逆です。「モノに依存する経済」が進展し続けているからこそ、あえてモノの外側で考えなくてはまずいのではないか？　と言いたいのです。では、「モノの外側」にはなにがあるのでしょうか。

▼▼▼モノの外側にあるものは、なんなのか？

モノ（商品）を売るのが難しくなっている理由は、モノ離れだからではありません。モノがどんどん増えたことで、モノ同士がかぶってしまい、競争が激しくなってしまっているからです。モノが普及すれば価格も下がり、コモディティ化するので差別化も難しくなります。つまり、モノの中に答えがなくなっていきます。そうそう簡単に画期的なイノベーションが生まれるはずもありません。

そのときに**「モノの外側」でマーケティングを考える必要がある**、ということには賛同していただけると思います。では、「モノの外側」とはなんでしょう？

モノの対極にあるのは人間だ、という考え方があります。デザインの世界でも「ヒューマン・センタード（人間中心）デザイン」が提唱されています。最近デジタル領域でキーワードになっている「ＵＩ（ユーザーインターフェース）[1]」、「ＵＸ（ユーザーエクスペリエンス）[2]」なども、「人間中心」発想の産物です。私たち博報堂も昔から「生活者発想」という提言をしています。人間中心思考のほうが、受け手（生活者）にとって是であることには疑問の余地はないでしょう。

問題はその先です。私たちのマーケティングの仕事は、企業のモノ（商品／無形のサービスも含む）の販売促進のお手伝いです。一見、直接的な販促に見えない企業ブランディングも、最終的にはモノの売上への貢献を目的としています。

そのとき、**モノ側で考えるモノ発想と、人間側で考える人間思考がときどきコンフリクト（葛藤）を起こしてしまう**のです。そのモノを売りたい、買ってほしいという意図を表に出せば出すほど生活者の本音と乖離していきます。なぜなら、生活者はそのモノと関係ないもっと重要な生活の悩みや課題を抱えており、またほとんどの場合、他のモノですでに間に合っているからです。

そうした生活者の本音に歩み寄り、共感を得ようとすると、コミュニケーションはどんどんモノ（の販促）から離れていくことになります。モノを描かない広告は好感度が高いけれども販売にはつながらなかった、ということもときどきあります。これがマーケティング関係者にとっての共通の「ジレンマ」だと思います。

では、どうすればいいのでしょう。そう、人（生活者）とモノという両極の中間を考えてみればいいのです。人とモノの間にあるものはなんでしょう？　空気ですか？

いいえ、「行動」です。

人は、「持つ」「運ぶ」「しまう」「使う」「捨てる」……という行動を介してモノとつながっているのです（人とモノの間に〝ブランド〟という無形の価値意識を想定する考え方もあります。そのほうがしっくりくる、という方は一度「ブランド論」を研究してください）。

▼▼▼なぜ「行動マーケティング」ではなく、「行動デザイン」なのか

モノの外側を、いきなり「モノ」の対極にある「人間」と置いてしまうと、そのギャップを埋めることが難しくなってしまいます。いきなり人間そのものまで行かず、その手前にある「行動」に注目し、その「行動」をとり扱うことに力を注いでみてはどうでしょうか。繰り返しますが、**「人とモノは、行動を介してつながっている」**からです。

1　UI：機械、特にコンピュータとその利用者が、情報のやり取りを行う際に接する操作画面や操作方法のこと。

2　UX：ユーザーが、ある製品やサービスを使用・消費したときに得られる経験や満足度のこと。

でも、「行動」を変化させることは、実はそんなに簡単なことではありません。むしろ「意識」を変えるほうが簡単だったりすることもあります。なぜ私たち研究所が本書でブランドをテーマにしていないかというと、一生懸命「ブランドイメージ」を構築しても、それが必ずしも行動には直結しないケースをたくさん見てきたからです。

ブランドイメージは良いほうがいいに決まっています。でもそのためのブランディングには時間もお金もかかります。企業の社員が一人残らずそのブランドを信じて、愛していなければ、ブランドは絵に描いた餅です。そこを頑張る、というのも一つの選択肢ですが、むしろモノと人の間で今、停滞している行動をなんとかしたほうが早いのではないか？　というのが私たちの**「行動デザイン」というアイデア**なのです。

デザイン、と聞くと多くの人は「図案や色」、「形状」などの表面的な意匠を想起するかもしれません。でも本当の語源は「計画」「設計」という意味です。つまりデザインという行為は、なにもないところから構想し、設計し、最終的にその設計を目に見える、手で触《さわ》れる形にして現実空間に定着させるまでの全体プロセスを意味しています。

構想は概念（コンセプト）であり、抽象的な存在です。一方で最終的なアウトプット（商品や店頭など）は非常に具体的で現実的な存在です。それを一つにつなげるのが、広義の意味でのデザインという活動なのです。どんな素晴らしいコンセプトも、概念のままでは生活者に届きません。生活者の目に見える、手で触れる具体的な形にデザインしなくては、生活に入り込むことができないのです。

マーケティングを行動で考える、という意味なら、「行動マーケティング」や「行動プランニング」という名前でも良かったかもしれません。なぜ私たち研究所が「行動デザイン」という名前にこだわっているかというと、それは意識だけでなく行動の変化までを鮮やかにつくり出すデザインの力、デザインが生み出す具体の力を強く信じているからです。

▼▼マーケティングを「行動」で再設計する

今、マーケティングの課題は非常に高度化していて、商品だけ、広告だけ、といった部分の手当てでは解決できなくなっています。流通・生産システム、場合によっては社内の企業風土・意識改革も含めて、全体を統合的に扱い、全体を変化させていかなくてはなりません。

これは最近の医学にも言えることです。従来、医師は「外科」「内科」などの診療科に分かれ、狭い領域に特化するほど専門性が高く信頼度も高い、と思われていました。しかし、今では「総合医」という新しい専門性が求められています。なぜなら人間（患者）の体は心も含めて分割できない存在だからです。

「病気を治すのではなく、健康を増進するのが医療の最終目的だ」と考える人が増えたことで、医学も人間をホリスティック（総体的）なものとして捉えるべきだ、という発想に変わってきたのです。

マーケティングも同じです。生活者という生身の人間を対象とした営みである以上、本来、部分でなく全体で生活者に向き合う発想が必要です。一度バラバラに分割されてしまった既存のマーケティングを、もう一度、一つの統合されたマーケティングにデザインし直す作業、つまりマーケティングの再設計が求められているのです。

最初のパート（第1章、第2章）は、**「市場を行動で捉え直す」**、というテーマで、マーケティングの最も重要な概念である「市場概念（および競合、ターゲット顧客、シェアなど）」を「モノ」ではなく「行動で捉え直す」という意識転換を促すパートです。

その次のパート（第3章、第4章）は、**「感覚を行動で捉え直す」**、というテーマで書かれています。ときに行動を阻害している人の感覚、つまり無意識下の「リスク」や「コスト」に関する感覚がこのパートの主役です。この感覚を理解し、さらにその感覚を制御するためのアプローチについて解説します。

3番目のパート（第5章、第6章、第7章）は**「ゴールを行動で捉え直す」**というパートです。マーケティングのゴールを「行動成果（行動変化）」で設定し、そこから逆算してゴール実現のための「行動デザイン」を設計する方法論を解説します。従来の認知獲得型のマーケティングプロセスを大きく転換するために考えるべきこと、実現すべきことが書かれています。消費者の行動を誘発する仕掛けに興味のある方はこのパートを参照してください。

最後のパート（第8章）は**「習慣を行動で捉え直す」**というテーマで、研究所で実施した自主研究調査の知見も踏まえながら、行動を「習慣化」させるためのアプローチを解説しています。そこでは「快感」や「アクセシビリティ（近さ・手に入れやすさ）」などの要因に焦点を当てています。

また、各パートの提言やキーワードをより深く理解していただくために「行動館入門」というコラムを挿入しました。具体的な課題に向き合ったときに、今までの常識的な発想を「行動発想」に転換するための演習問題として活用してください。コラムとして気軽に読んでいただければと思います。

本書が、みなさんが一度「モノ発想」から離れて、今までのマーケティングを人をもっと動かす方向に一歩踏み出す、そのお役に立てればこの上ない幸いです。

博報堂行動デザイン研究所
所長　國田　圭作

第1章 なぜ、そのマーケティングはときどきうまく行かないのか？

Contents

第2章 マーケティングは、生活者の「行動」をとり合う競争だ

第3章 人を動かす「行動デザイン」という発想

第4章 リスク感とコスト意識が、行動の鍵をにぎっている

第5章 行動を喚起する「行動チャンス」を日常から見つけよう

第6章 行動デザインのつくり方・6ステップ

第7章 行動を誘発する仕掛け

第8章
なぜコンビニエンスストアの100円コーヒーは大ヒットしたのか？

カバーデザイン・行動館アイコン……藤塚尚子（ISSHIKI）
本文デザイン……荒井千文（ISSHIKI）
図版・イラスト作成……有限会社クリィーク

※本文中に登場する商品名、企業名、ブランド名、サービス名などは、一般に商標として登録されています。ただし、本書では煩雑になるのを避けるため、®表記などは省略しております。

第1章

なぜ、その
マーケティングは
ときどき
うまく
行かないのか？

教科書に忠実なセオリー通りの
プランが思うように機能しない、と
感じることはありませんか？
もしかしたら、それは「モノ発想」が
原因ではないでしょうか。
「行動」発想に転換することで
突破口が開けてくるかもしれません。

モノ発想では、もう「右肩下がり」の市場を戦えない

みなさんが関係しているビジネスは今、どんな状況でしょうか？　右肩上がりに伸びていますか？　それとも微増・微減や横ばいですか？　今までは順調に伸びてきたが、最近はその伸びが鈍化しはじめた、という状況もあるはずです。

この頃私たちの研究所にくる相談の中でも多いのは、「国内市場自体が縮小・ダウントレンドになっている」という「右肩下がり市場」の案件です。

実はここ30年くらいの間に「ゆるやかな右肩下がりのグラフ」を描いて縮小しはじめている市場が少なくありません。

例えば日本酒。「地酒ブーム」、大吟醸酒の海外輸出展開、といった日本酒の話題をよく聞きます。「和食ブーム」だからきっと日本酒市場も回復軌道にありそうだ、と思いがちですが、長期トレンドではずっと右肩下がりが続いています。

日本酒となにか相関がありそうな、日本茶も醤油も、味噌も同様です。逆に関係なさそうなガム市場やデジカメ市場も右肩下がりです。そうした市場をなんとかてこ入れして回復基調に乗せられないか？　という深刻な悩みに対して、答えを出すのはなかなか簡単ではありません。でもあえてその課題に真剣に向き合うとしたら、どう考えていけばいいのでしょうか。

よくあるのは、「日本酒市場が減っているのは酎ハイやワインの市場が伸びているから」、と「代替品」で説明してしまうという発想です（下図）。「デジカメ市場が縮小しているのはスマホのカメラが高画質になったから」、説も同様ですね。それは一つの事実で、間違いではありません。

ではなぜそう考えてはいけないのでしょう。実は一見合理的なその発想の中に大きな問題が潜んでいるのです。

▼▼▼「モノ発想」から、脱・「モノ発想」へ

その発想とは、「市場を『モノ＝製品カテゴリーで規定する』発想」です。

「代替品」発想も、「モノ発想」です。「モノ発想」に立つとどんな思考回路になっていくでしょう。

日本酒の「商品力」をどう上げるか。価格の安さを訴求してみてはどうか。つくり方にこだわる生産者（蔵元《くらもと》や杜《と》氏《うじ》）を立てて日本酒の良さをPRしてみてはどうか。ラベルをかわいくして、味も若い女性向けにもっとすっきりさせてみてはどうか。実際、そうしたアプローチは今までも

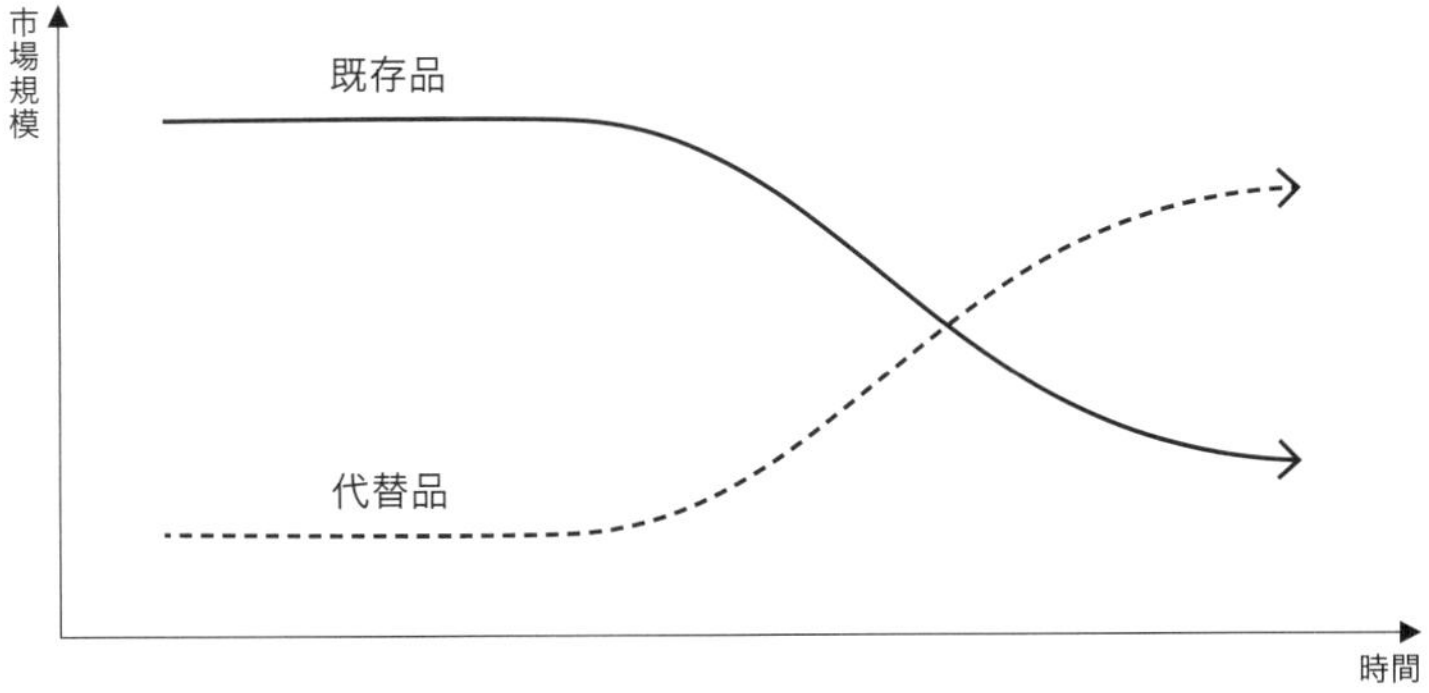

図1-1 右肩下がり（既存品）と右肩上がり（代替品）で市場の変化を捉える

多く実行されてきましたが、抜本的な解決にはなっていません。なぜなら、そのすべてが「日本酒」というモノを主語にして考える「モノ発想」だったからです。その「モノ発想」が、もしかしたら現状打破の可能性を自ら閉ざしているかもしれないのです。

海外のあるスーパーが顧客の購買データを詳細に分析したところ、ビールと紙オムツを一緒に買う顧客が多い、という興味深い結果が出たという逸話が伝わっています。出典が確認できないので分析の精度がわからないのですが、この買い合わせに何らかの因果関係があるとすれば、その理由はきっと次のようになるでしょう。

「子どもが生まれて、お父さんも子育てを手伝うようになる。だから仕事帰りに飲み屋に寄り道せず早く家に帰る。そこで自宅でビールを飲むことが多くなり、スーパーで紙オムツとビールを一緒に購入する」……つまり、**一見、無関係なモノ（ビール）とモノ（紙オムツ）が一人の生活行動の中では有機的につながっている**可能性があるのです。でも「モノ発想」で考えている限りは、こうした「気づき」を得ることはきっと難しいでしょう。

市場をモノ区分で捉えているから、処方箋が見つからない

「モノ発想」をもう少し噛み砕いて言うと、「市場をモノのカテゴリーで規定し、その市場の

中でマーケティングを考える」という発想です。対象市場が「モノで規定されている」というところが、ポイントです。

私たちは「〇〇市場」と言うときに「モノ（製品カテゴリー）」で考える癖が染みついてしまっているので、むしろそこに違和感を感じるほうが難しいかもしれません。市場に関する統計データも全部モノ単位になっていますし、業界もモノ単位で組成されています。売り場も、卸問屋も監督官庁も、モノの区分で分かれています。

つまり、モノ以外で市場を捉えることは現実的でなく、逆にモノで考えておけば苦労はなかったのですね、今までは。

ところが、実際にモノを買うときに、生活者はそこまで「モノで規定される市場」を意識しているわけではありません。モノの区分では食品市場と飲料市場は明確に分けられていますす。でも、ヨーグルトはときにはサラダの代替品であり、ときには飲料の代替品、また間食にお菓子の代替品として食べられています。ヨーグルトとシリアル、卵、スープはモノで考えると違うカテゴリー区分（業界も大きく違う）ですが、実際にはどれも朝食に登場する食品です。

つまり、朝食という行動に対応した「朝食市場」、間食という行動に対応した「間食市場」があるのだ、と考えたほうが実際の生活に即しているのです。これが**「行動で市場を括り直す」**という私たち研究所のアプローチです。

しかし「朝食市場」とか「間食市場」という括りは、概念としては成立しても区分が曖昧なので正確な統計が存在していません（朝食や間食の平均単価を、食べている人の数にかけて市場規模を概算することはできますが、出荷量を積み上げた統計ではありません）。統計がなければ「前年比」などの時系列分析もできないので、結局企業はマーケティングを「モノ」単位で考える発想にならざるを得ないのです。

▼▼▼ダウントレンド市場の処方箋は？

モノで規定される市場が右肩上がりで伸びているときは、余計なことを考えなくてもいいと思います。同業のライバル企業よりももっと良い商品をつくる、とか価格を安くするという市場内の競争で自社のビジネスが伸びていきます。「市場規模」と「市場の伸び率（成長率）」、そして「市場シェア」。これらがモノ単位で市場を測る代表的な指標でした（左図）。

「シェア」とはいわば生活者の〝支持率〟ですから、企業間のマーケティング競争力を測るモノサシになります。多くのマーケティングの教科書で「市場シェア」が最も重要な戦略指標とされ、そこにかなりの紙幅を割いていたのはそういう理由だったのでしょう。つまり市場が伸びているときの競争は、その市場の中での「シェア競争」だったのです。

【「マーケティング競争」＝「シェア競争」】

マーケティングの教科書によく出てくる「マーケット・セグメンテーション（市場細分

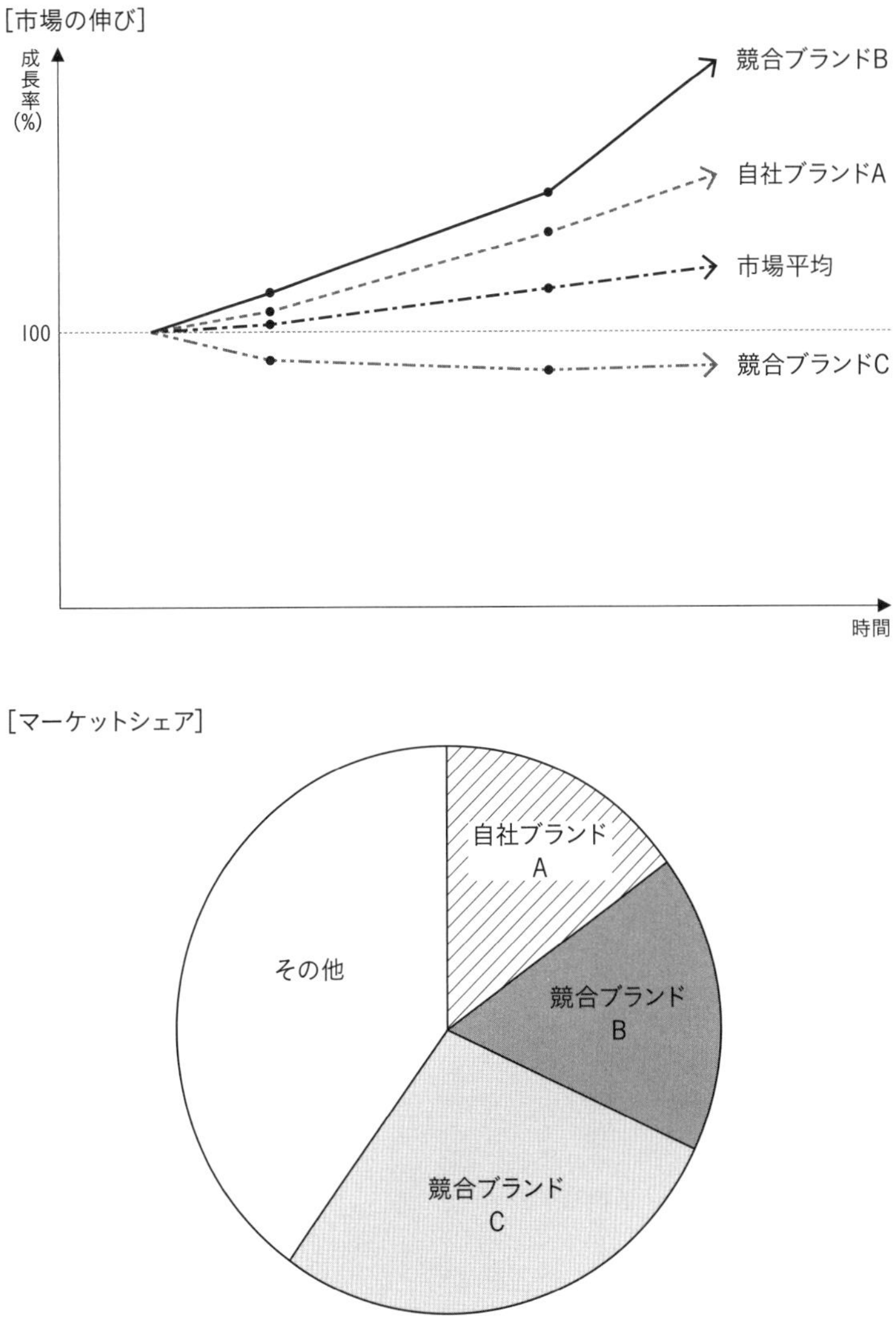

図1-2 従来型の管理指標（市場の成長率とシェア）

化）」という手法も、実は市場が伸びているときの発想です。たしかに、市場全体を相手にして全方位で戦うよりも、自分に有利な市場を「標的市場」と規定してその中で戦うほうが勝率が高い、という考え方自体は間違っていないと思います。

しかし市場全体が縮小していたら、細分化した市場ではビジネスが成立しなくなってしまいます。

では市場がダウントレンドのときはどうしたらいいのでしょう。実は古典的な教科書は、多くの製品カテゴリーが右肩上がりで成長していた高度成長期（大量消費社会）の市場環境を背景に書かれたものです。

ですからダウントレンド環境に関しては、「市場が飽和したら、シェアの高い商品はマーケティング投資を絞って利益を確保しましょう、市場が停滞・縮小したら早めに撤退を考えましょう」といったざっくりとした示唆しか記載がありません。

ここが大きな問題なのです。

製造設備や従業員を抱える企業はそう簡単に撤退なんてできません。他の市場で勝負するノウハウも資源も不足しているはずです。

ロングセラー商品を保有する市場トップ企業ほど、その右肩下がり市場をなんとか下げ止まらせ、さらには回復基調に乗せるためのマーケティング投資が企業責任としても必要になってきます。

つまり、今多くの国内市場が直面している「右肩下がり」状況に対する「教科書的な処方《しょほう》箋《せん》」はどこにも存在していないのです。

右肩下がりの市場こそ、「行動発想」に転換するチャンス

そのときに「モノで規定される市場」で発想し続けることが実は大きなリスクになるのです。なぜなら、**もはやモノの中に「答え（解決策）」がない**からです。私たち研究所がモノではなく「行動」から考えるべきだ、と主張している理由はここにあります。

例えばデジカメという製品の品質・デザインの向上や、価格を安くすることは「デジカメ市場の中の競争」には役立ちます。

でも、みんながスマホで自撮り写真を撮ってすぐSNSでシェアする、という今どきの**「写真行動」**の中では、それらは有効な解決策にはならないでしょう。むしろ答えはデジカメというモノの外、つまり「自撮り」とか「SNSでシェア」といった「行動」の中にあるはずです。

もう一度、日本酒の例で考えてみましょうか。今ワインが伸びているのであれば、それはいつ、どこで飲まれていますか？　ほぼ食中ですよね。食生活が洋風化してきたので、食中酒として日本酒よりワインが選ばれているわけです。

食中酒というのは、実は「モノ」の名称ではありません。「食事中に、もっと食事を楽しむためにお酒を飲む」という行動を捉えた名称です。

つまり**「食中酒行動」**という行動が存在している、ということなのです。逆に、日本酒と

かワインという「モノ」ではないから、「食中酒市場」などという統計がないのです。

最近行った飲食店のドリンクメニューを思い出してみてください。

ほとんどのドリンクメニューは《ソフトドリンク》《アルコール》……といった大見出しの次に「ワイン（赤／白／スパークリング）」「日本酒」「焼酎」……と小見出しがきて、その中にいろんな銘柄が並んでいますよね。これは知らず知らずのうちにモノ発想になっている一例です。

売り手がモノ発想で提案していれば、買い手もその中で選択する思考回路になってしまいます。

だから自然に今日のお店が洋食の店ならワイン、和食なら日本酒や焼酎、というように選択していきます。そうなると和食のお店以外で日本酒が一番に選択される確率はかなり低くなってしまいますよね。その毎日の積み重ねが、日本酒の長期低落という状況をつくり出してしまったとは言えないでしょうか。

こんなときこそ、モノで考えないで、「食中酒行動」という行動で考えてみるチャンスなのです。「日本酒の品質をもっと上げれば、自然に選ばれるようになる」という思考（モノ発想）では突破できない状況だからです。

▼▼▼「行動」がモノとモノをつなげている

例えばドリンクメニューのつくり方一つとってみても、実はもっと「食中酒行動」提案型に変えられるのです。従来の「白ワイン」「赤ワイン」「日本酒」……という見出しの代わりに「さっぱりした料理に合うお酒」「コクのある料理に合うお酒」という見出しにして、その中にワインと一緒にさりげなく日本酒の銘柄を混ぜておいたらどうでしょう。

そこに具体的なメニューとの相性、例えば「この吟醸酒は脂の乗った魚のカルパッチョにぴったり」というようなコメントをつけておけばなおさら、ワインじゃなくて日本酒も面白いかな、という選択肢が生まれる可能性が増えるはずです。

洋食でも和食でもワインしか飲まない、という極端な人は別ですが、普通の生活者は「ワインだけを飲みたい」わけではありません。たのんだ料理のおいしさを一番引き立ててくれるお酒を選ぶ、という「食中酒行動」をしたいだけなのです。

そこにせっかくチャンスがあるのに、「ワインにしますか？　日本酒にしますか？」という聞き方をしたら洋風の飲食店で日本酒が選ばれる確率はかなり低くなってしまいます。

モノ区分の選択肢を用意することで、自らチャンスを潰してしまっているのです。

和食に不可欠な醤油の市場も、食の洋風化の影響を大きく受けています。

でも食が洋風化すれば肉食（肉を食べるという行動）の頻度は増えるのです。だとしたらそこが醤油の**「行動チャンス」**（第5章参照）にならないでしょうか。

例えば、もっと洋食（肉）にふさわしいパッケージデザインに振り切ってみてはどうでしょうか。「にんにく醤油」や「ワイン醤油」などの赤ワインを使う肉料理にも合うようなフレーバーを押し出すというのも一つの方法でしょう。

「醤油」は「醤油」、「ワイン」は「ワイン」、というように、モノ（製品カテゴリー）で市場を捉えている限りは、それぞれは別ものです。でも「行動」に着目すれば、「違うカテゴリーに属するモノ同士が行動の中ではつながっている」という事実に気づくはずです。つまり、**「行動」がモノとモノをつなげている**のです。

「モノからコトへ」の転換は、「行動」で考えれば難しくない

「モノからコトへ」というスローガンはかなり前から提唱されています。みなさんも頭の中ではモノ発想から脱却してコト発想に転換しなくては、と思っているはずです。しかし口では「コト発想」と言っていても、実務上は相変わらずモノ単位で市場を捉え、その市場シェアに一喜一憂していないでしょうか。

実際、長年継続してきたビジネスの枠組みを壊してその外に出るということは、非常に難しい。人はなかなか行動を変えられない、という本質は、生活者だけでなく企業人にとっても同じなのです。

では、「コト市場」などという統計も時系列データも存在しないときに、どうやってモノからコトへ目線を移すことができるのでしょうか？　そんなときこそ、「行動で考える」、つまり**「行動デザイン発想」**が手がかりになるのです。

例えばインスタントカメラ。これを、カメラという「モノ」で考えずに「写真行動」で考えたら、どうなるでしょうか。昔はインスタントカメラといえば「ポラロイド」がカテゴリー代名詞だった時代もありましたが、すでにポラロイド社はフィルム型のカメラもフィルムも生産を中止しています（富士フイルムが現在でも「チェキ」という名前でフィルム式のインスタントカメラをつくっています）。

もともとは、ＤＰＥ店での現像という後工程が必要な「フィルム式カメラ」に対する優位性がインスタントカメラの存在理由でした。しかしデジカメやスマホで撮った写真をいちいち現像せずデータとして保存したり他人に送ったりする行動が一般化してしまい、優位性が失われてしまっていたのです。

そんなときに、インスタントカメラをカメラ市場（モノ）の中だけで考えていても、出口はないはずです。

▼▼▼ターゲットはなんのために、どんな行動をとりたがっているか

若い人たちの写真行動を観察・分析すると、「写真を撮ること」以上に「友だちとかけがえのない時間を共有すること」が重視されていることがわかります。つまり写真行動は一つの「コミュニケーション行動」なのです。

ならばデジカメやスマホが代替できない「若い人たちのコミュニケーション行動」ってなんだろう、と行動を徹底的に分析するところから活路が開けてくるはずです。

それは例えば、「名刺サイズの写真入りコミュニケーションカード」をその場で生成できて、そこに手書きのメッセージも書き込めたら、若い人たちのコミュニケーション行動をもっと活性化できるかもしれない、といったアイデアかもしれません。

インスタントカメラを「写真を撮るモノ＋すぐ現像できるモノ」と考えるのが「モノ発想」です。

それをいきなり「コト発想」に転換せよと言われても、どう考えていいかすぐには思いつかないでしょう。

そこに**「ターゲットはなんのために、どんな行動をしたがっているか」という行動視点**を導入してみてはどうでしょう。「モノ発想」から「コト発想」に頭を切り替える、ということがぐっと容易になるのではないでしょうか。

行動発想で復活した映画産業

1950〜60年代にいくつかの国で映画産業が〝斜陽産業〟になりました。それまで圧倒的な大衆娯楽であった映画がテレビ放送に主役を奪われてしまったからです。

そのときにテレビに対抗する戦略として「テレビより面白い大衆娯楽作品を追求する」と

いうアプローチをとった多くの映画会社は経営不振に陥りました。

「テレビに真似のできない大作」をつくろうとして制作費をかければかけるほど収益性が低下し、損益分岐点となる興行成績（映画館の入場者数）のラインが高くなってしまったのです。彼らは、「映画」とは「作品」だ、と考えていました。それがまさにモノ発想だったのです。

多くの映画館も閉館に追い込まれました。そんな映画産業を救ったのは、なんだったのでしょうか。スティーヴン・スピルバーグやジョージ・ルーカスの登場でしょうか？　それとも、J・K・ローリング（ハリー・ポッターシリーズの原作者）でしょうか？

▼▼▼映画を「ファンタジー没入行動」と捉え直す

そう考える人もいると思いますが、それも「モノ発想」です。映画が斜陽だった時代にも素晴らしい作品はたくさん生まれていたはずです。

映画を作品（モノ）として捉えるのではなく、例えば「ファンタジーの世界に没入したい」という欲求を満たす行動と捉える。つまり**「ファンタジー没入行動」**だ、というように捉え直すことができたから、映画産業は生き残れたのではないでしょうか。

これは発想の大きな転換です。

大画面テレビが普及したおかげで、家にいながらＤＶＤで映画を鑑賞し、ファンタジーの世界に没入するという行動が世界中で一般化しました。そうすると映画会社は映画館に頼らなくてもＤＶＤ（パッケージソフト）の売上で制作費を回収することが可能になります。競合だったはずのテレビ（受像器）が味方になってくれたのです。

よりファンタジーワールドへの没入感を味わえるテーマパーク事業を展開し、ヒット映画のコンテンツを二次利用・三次利用するというビジネスで成功している映画会社もあります。

ゲームコンテンツを映画に転用する、あるいは映画コンテンツをゲーム化するというのも「ファンタジー没入行動」をうまく捉えたマーケティングです。

▼▼▼新しい「映画行動」の発見

また「映画」の価値を作品（モノ）の内容ではなく「映画館という特殊な（非日常的な）環境で時間を過ごす行動」だ、というように捉え直したことで新たに誕生したビジネスもあります。そう、「シネコン（シネマコンプレックス）」ですね。

ゆったりした椅子に座って、飲食しながら映画を楽しむことができるシネコンは、デートスポットとして再び若い世代も集客できるようになりました。どの作品（モノ）を見るかを前もって決めて、それを上映している映画館を探す、というのが従来の**「映画行動」**の常識でした。

それを「とりあえずシネコンまで行って、その日の上映リストの中で2人の見たい作品を選ぶ」という行動に転換することで、それまでにない**「デート行動」**をデザインできたことが大きかったのです。

もちろんシネコンも未来永劫、安泰ではありません。最近はスマホやタブレットに映画をダウンロードして、カフェなど好きな場所で好きな時間に映画を楽しむという映画行動が増えているからです。

こうした行動を前提とすれば、あまり音響効果を使わないで人物の会話（字幕で表示できる）を中心にした作品や、20～30分で見終えることができる短編映画をつくるほうが制作会社側にはチャンスがあるかもしれません。

このように見てくると、ダウントレンドを克服する答えは「モノ」の中ではなく、モノの外側、つまり「行動」の中にある、と言っている意味が少しわかっていただけたのではないでしょうか。

「誰も行動で発想していない」から、そこにチャンスがある

「ビジネスで大きく成功する秘訣は実はたった一つしかない。それは誰もやっていないことをやることだ」とよく言われます。

みんなが一斉に同じ方向に走っているときに、一人だけ、みんなと逆に走るということです。わかるのですが、これがなかなかできません。不安なのです。鳥の群れだって、驚かす

とだいたい同じ方向へ一斉に飛び立ちますよね。タクシーの運転手さんも、他のタクシーがたくさん並んでいる場所で客待ちをする人が多いそうです。

みんなの真逆に走れば、一人だけ大失敗するかもしれません。しかし業界の中で、つまり「モノで規定される市場」の中で競争を考えている限り、同じ業界の他企業と一緒に仲良く沈んでいくリスクが常に存在しています。

ダウントレンドの市場では競合プレーヤーの数も少なくなり、みんな積極的なマーケティング投資をしなくなっています。だから〝右肩下がり〟こそ「今まで誰もやらなかった」マーケティング戦略の投入によって結果、「一人勝ち」というような独自のポジションを獲得する千載一遇のチャンスかもしれないのです。インスタントカメラや映画産業の例はまさにそのケースです。

競合他社が皆、まだ「モノ発想」なら、先駆けて「行動で発想する」ことが勝機です。「モノ市場」が右肩下がりの今だからこそ、モノ発想から行動発想への転換に挑戦することが横並び競争から抜け出す大チャンスであり、逆にモノで発想し続けることが大きなリスクになる時代なのです。

▼▼▼小売業もまだ「モノ発想」!?

例えばスーパーマーケットやコンビニエンスストア（ＣＶＳ）などの小売業は、「売場」というスペースを元手にしているビジネスです。このスペースを「モノを陳列している場所」というようにモノ発想で考えるか、「人が買い物などなにかの行動をする場所」というように行動発想で考えるかで、ビジネスのあり方は大きく変わってきます。

小売業は製造業と違って設備投資が身軽だから、本当はモノで発想をする必要はないはずです。売場に並べる商品を一晩でがらっと変えてしまうことだって不可能ではないのです。

しかし実際には、多くの小売業がまだまだ従来の「モノ発想」にとどまっているように感じます。仕入れ先がモノ単位での市場区分に分かれてしまっていることもその原因かもしれません。

「行動発想」に転換できた小売業の成功に学ぶ

昔、まだ世の中にお店の数そのものが少なかった時代（戦後のある時期までは日本には都心の百貨店と、商店街の小さなお店の２種類しか存在していなかった）は、お店を新規出店するだけで簡単に売上が伸びたのです。その競争の中ではよりたくさんのモノを陳列している店、あるいはより安くモノを売っている店がお客さんをたくさん集められます。

ダイエーやイトーヨーカ堂（現イトーヨーカドー）、ジャスコ（現イオン）や西友ストアー

（現西友）など「GMS（量販店とも）」と言われるタイプのお店が大成功したのはそんな時代でした。

しかし今は流通各社が出店競争をしています。人口に対してかなりオーバーストアです。当然、一店舗当たりの売上は減っていきます。お店が増えれば商圏がどんどん小さくなるので、来店客数が減るからです。安売りをしても、昔のように遠くからお客さんを集めることは困難です。もっと近くにさほど値段の変わらないお店があるからです。

ましてなんでもEコマース（ネット通販）で買えてしまう時代です。いくらたくさんモノを並べてもEコマースの在庫には太刀打ちできません。

こうした厳しい競争の中で、それでも伸びている小売企業があります。それは一足先に横並びの「モノ発想」から脱却した企業です。

例えば食品売場の隣にゆっくりできるイートイン・スペースをつくったスーパーマーケット。自転車乗りの店長がアドバイスしてくれて試乗もできるサイクルショップ。なんの売場か区分が判然としないがゆえに、逆に〝意外な商品との出会い〟が楽しめる雑貨屋さん。いわゆる「セレクトショップ」もその一つです。

最近はアパレルだけでなく、本と雑貨を一緒に並べるセレクトショップも出てきました。さらにそこでコーヒーを飲めるお店なんかもあります。

こうした店に共通しているのは、なんでしょう。それは、生活者の日常の中で「どんな時間や気分の、どんな行動を捉えるのかを明確に想定しているところです。商品（モノ）からではなく、お客さんの「行動」から売り方を考えているのです。

店舗スペースという元手を使ってその行動の実現をどう楽しく、快適に支えるのか。そのためになにを売るといいのか。初めから商品（モノ）ありきではない「行動発想」に脱皮できたお店だけが、近所の人だけでなく、ちょっと遠くからわざわざ来店する人までも呼び込むことに成功しているのです。

こうした成長小売業の発想（行動で考える）は、製造業の企業にとっても学ぶものが多いと思います。

第2章

マーケティングは、生活者の「行動」をとり合う競争だ

行動で新しい市場の括りを考えると、
今までの「モノ発想」とはちがう着眼点が見えてきます。
生活者は同じ生活時間・生活空間の中で
さまざまな選択肢を選びとりながら行動しています。
その選択肢の中に入っているか、
どうしたら入れるのか。
それを考えることが重要です。

「行動」から新しい市場概念を見つけ出す

「行動」と「市場」の関係について少していねいに論旨を整理してみましょう。理屈っぽいパートになりますが、ちょっとだけ辛抱してお付き合いください。

第1章ではさまざまな例を挙げて、モノではなく行動で発想することの重要性を説明してきました。そのときの発想の枠組みとして提示したのが**「行動で市場を括り直す」**という新しい市場概念です。

自社の製品（モノ）が行動ベースではどの市場（例：食中酒市場）に属しているのか、あるいは属する余地があるのか、と考えてみることで、モノとしては縮小市場の製品カテゴリーであっても活路を見い出せるのではないか？　というのが私たち研究所の提案です。つまり、どう「市場」を捉えるかが、どう打ち手を見つけるかにつながるのです。

モノの括りは固定的ですが、行動の括りはかなり弾力性があります。シネコンを映画行動で捉えても、デート行動で捉えてもかまいません。自分に都合のいいように括りを設定してみればいいのです。そこに発想転換の鍵があります。だから「市場」の括り方にしつこくこだわっているのです。

▼▼▼行動をベースとした市場の考え方

「朝食市場」「食中酒市場」あるいは「写真市場」などはすべて「違う製品カテゴリーに属する商品群を、同じ一つの行動で括り直した市場」ということになります。例えば「写真市場」は、デジカメやスマホなどのカメラ類だけでなく写真立てやアルバムなど多岐にわたる商品群で構成されています。こうした括りは行動で捉えた括りですから、どれも「○○行動」(例えば「写真行動」)と対応しています。**「行動がモノとモノをつなげている」からです。**

例えば「朝食市場」は「朝食行動」に対応しています。そして、こうした「行動の括り」に決まりはありません(したがって統計も存在していません)。生活者の行動の実態をどう読み取り、解釈するかで括りは変わってきます。だからこそ、そこに従来のモノ市場の中で戦っている競争相手を出し抜くチャンスがあるのです(47ページ図)。

▼▼▼「ヨーグルト市場」はどんな行動市場?

例えば、みなさんがある女性向け果肉入りヨーグルトの担当者になったつもりで、ちょっと考えてみてください。ターゲット女性がそのヨーグルトをおやつとして食べているとみるならそれは**「間食行動」**であり、「間食市場」が発想の起点になります。でも健康のために食べているならそれは**「健康行動」**であり、「健康市場」の中でたたかい方を考えるということになります。どっちと見立てるかはみなさん次第です。

健康市場はこの頃、大きな成長市場ですから、こちらのほうがチャンスがあるかもしれません。でもそのヨーグルトの味や見た目がお菓子的すぎるとしたら、そのままで「間食市場」から出て「健康市場」にエントリーするのは難しいでしょう。「健康市場」は市場の括りが巨大な分、サプリからフィットネスクラブまで競争相手（つまり選択肢に入る商品群）も多数、存在していることを忘れてはいけません。

そうするとむしろ「間食行動」のほうが可能性が高いかもしれません。「間食市場」の中でどうそのヨーグルトを盛り上げるチャンスがあるかを考えるのが戦略テーマ、ということになります。

そのためには「果肉」感をどうスイーツ文脈で訴求するか、そのときネーミングやパッケージデザインはそのままでいいのか、売場をどう考えるのか、間食市場の中で付加価値がとれそうなら価格をもっと高めにできないか？　などを考えるのが次のステップです。

まさに「マーケティングの4Ｐ[3]」を、間食市場という行動で括った新しい括りの中で一つひとつ考え直すという作業が待っています。そうした作業の進め方を第6章、行動デザインのつくり方の6ステップで具体的に解説していきたいと思います。

3　**マーケティングの4P：**製品（プロダクト）、価格（プライス）、流通（プレイスメント）、販促（プロモーション）のこと。

図2-1 市場を行動で括る

「市場」とは、生活者の「行動」の総和である

こう考えてくると「行動で市場を捉え直す」ということは、もっとシンプルに言い換えることができそうですね。それはつまり、「生活者の一つの行動を俯瞰したときに、そこで選択される可能性のある商品群はどんなものがあるか」を考えてみる、ということです。

その商品群には、コーヒーか紅茶か、という**「代替関係」**にあるものもあれば、紅茶とクッキーのように同時に選択される**「補完関係」**に位置するものもあります。「朝食市場」で言えば、ヨーグルトと果物はときには代替関係、ときには補完関係にあります。「小腹満たし市場」の中では、スナック菓子とスープと、最近では無糖炭酸水も代替関係にあります。

例えば「子育て家族の生活行動」の中で選択される可能性のある商品の集合体が「子育て市場」を構成していると考えてみたら、どうでしょうか。そこになぜかビールと紙おむつが一緒に入ってくるわけです（第1章24ページ参照）。

ビールと紙おむつは一見、特に代替関係も補完関係もなさそうに見えますが、実は補完関係があったのですね。でも、どちらもけっこうかさばる荷物なので、雨の日などはどちらかを買うのを諦めることになる可能性があります。家計が逼迫《ひっぱく》してくればまずお父さんのビールのほうが削られるはずです。つまり、代替関係にあります。そういう意味では同じ市場（行動ベース）の商品群はだいたい、あるときは補完関係にあり、あるときは代替関係にある

と見ることも可能です。

まとめます。「行動」で発想すると、**市場とは「同じ目的、同じ時間帯や気分の中で選ばれる可能性のある選択肢の集合体」**という規定になります。

そして、行動で捉えた市場の総和、つまり「子育て市場」や「朝食市場」の総和（かぶりがあるので計算は困難ですが）が全体で一つの国内消費の総市場を形成している、というのが私たち研究所の見立てです。だから着目すべきはモノ単位の市場規模や成長率ではなく、「子育て行動」がつくり出す「子育て市場」や、「朝食行動」がつくり出す「朝食市場」の総量とその増減なのです。

▼▼▼「行動量」に着目する

こうした市場の括りを想定する意味はもうおわかりですよね？　その中で**「行動量」**が増えている市場（健康市場など）が当然、狙い目になるからです。

「行動量」とは、**一人当たりのその行動へのリソース投入量（金額・頻度など）と、参加人数の掛け算**です。少子高

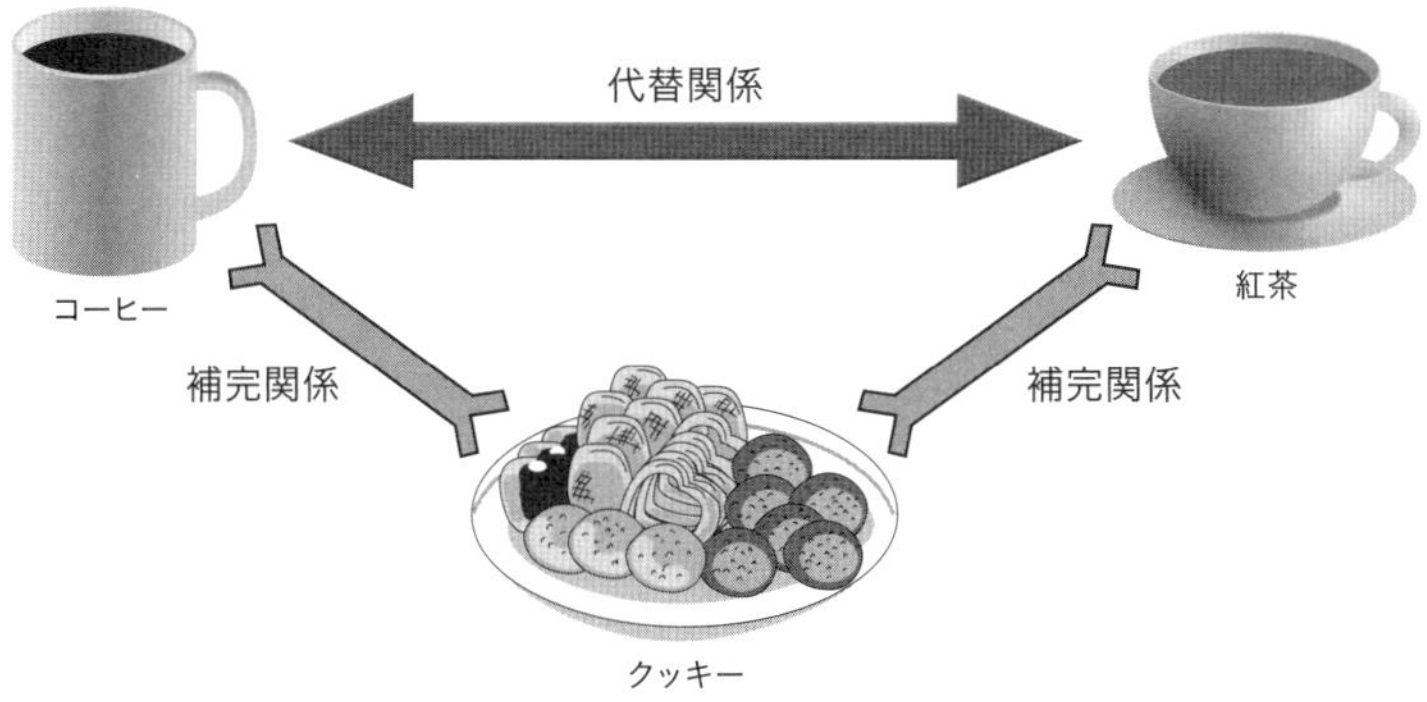

図2-2 代替関係と補完関係

齢化で参加人数がこれ以上増えそうもない時代の中では、一人ひとりの「行動量（リソース投入量＝金額、頻度など）」のほうを増やすしかないかもしれません。

逆に、ある市場（行動ベース）への参加人数を増やすことで「行動量」を拡大するマーケティング施策を投入し、その中に自社商品の拡大チャンスを組み込むという戦略もあります。第1章で醤油の話をしましたが、例えば「卵掛けご飯専用醤油」の投入で醤油の市場拡大を狙うとしたら、「朝食を抜いている若い男性」（20代の2～3割が朝食欠食です）がもう少し「朝食行動」をとるようになれば、〝卵掛けご飯専用醤油〟の行動チャンスも拡大するはずだ、という考え方です。

〝卵掛けご飯専用醤油〟のおいしさを伝えようとするのがモノ発想。そもそも若い男性の朝食行動を増やすには？　と行動から考えるのが行動発想。このへんの違いはもうじゅうぶん、おわかりですよね。

▼▼▼行動デザイン発想で使う用語の定義

このように生活者のある行動に関する行動量を拡大することが、「行動デザイン」の本分です。その具体的な方法についてはこの後の章でおいおい説明していくことにして、ここでいくつか今まで出てきた「行動デザイン観点」での用語の定義を整理しておきましょう。従来のモノ発想の定義とはずいぶん違うことがわかると思います。

【行動】：ある一人の生活者の、生活の中でのさまざまな一連のアクション。

○特定カテゴリーの商品にひもづいたカテゴリー行動（例「コーヒー行動」）や、複数カテゴリーをまたいだ行動（例「朝食行動」）がある。

○その行動でなんらかの物理的な運動エネルギーと時間、ときにはお金が消費される。それらは生活者にとって有限で貴重なリソースである。

○現代社会では人間のほぼすべての行動は、なんらかの商品／サービスを使う「商品行動」である。夜の〝睡眠行動〟でさえ、市販の寝具なしで実行されることはない。

○ネット上の行動、例えばバナー広告をクリックするのも一つの行動だが、運動量と時間はリアルな行動に比べればはるかに小さい。

【行動量】：ある期間内の、生活者一人当たりのその行動へのリソース投入量（金額、頻度など）と行動参加人数の掛け算。総行動量が市場規模を決定する。

○金額や頻度（回数）は行動の「質的な指標」とも言える。例えば本の場合、買う人（＝発行部数）が少なくても、何回も繰り返し読まれるような本は「読書行動の量」でいえば、一回読んですぐ押し入れに死蔵されるミリオンセラーに匹敵する、と見ることもできる。これが中古本市場の価値を規定する。

【市場】：同じ目的で、同じ時間帯や気分の中で選ばれる可能性のある選択肢の集合体。その行動で括られた商品群の総消費量／総販売量が市場規模を決定する。

○コーヒー市場はモノで捉えるとコーヒー豆からつくられたすべての飲料、という定義になるが、コーヒー行動で捉えた市場は「コーヒーを飲みたいときに飲まれるすべての飲料」という定義になる。「マンゴーカフェラテ」も「抹茶オレ」も、生活者が「コーヒーを飲みたいとき」に選んでいるなら、本来は「コーヒー市場」に含むべきである。

【競合】：生活者のある行動へのリソース投入量（金額、頻度など）を自社商品ととり合う関係にある商品や、それを売る企業。

○モノ発想では同業他社はすべて「競合」になるが、行動発想ではときには代替し合う競争関係であり、ときには補完・共生関係となる。

○映画館にとってテレビは今でも競合だが、映画会社にとってはテレビは映画を映すためのスクリーンであり、映画を買って放映してくれる上得意でもある。

こうした行動観点で、**「シェア」**も定義しておきましょう。それはどの行動にどれくらいリソース（時間やお金）を割くか、という「行動量」の割合、つまり行動シェアということになります。そこが生産・出荷ベースの市場シェアとの大きな違いです。

【行動シェア】：「行動量」の配分比率。

○例えば夏場は、汁そば行動に比べてつけそば行動の比率が増え、逆に冬場は汁そば行動の比率が増えるだろう。

このように「行動」を量（貴重で有限な時間やお金、体力の投入量×その行動の参加人数）で捉え、その行動量の比率（行動シェア）でマーケティング環境分析を行う、というアプローチがマーケティングを「行動」で捉え直す作業の第一歩になります。

市場の括りを「行動」で捉えると、「敵」と「味方」の顔ぶれが変わる

私が新入社員だった１９８０年代は音楽カセットテープ業界が広告会社の大きなアカウントでした。誰もＣＤの普及を予想していませんでした。

テレビの国内出荷台数をパソコンの台数がついに上回ったのがちょうど２０００年。でもそのときには、まさかパソコンを持たずにスマホやタブレットで済ます若者が増えるなんて誰も予想できませんでした。

モノで捉える市場には「プロダクト・ライフサイクル」という〝賞味期限〟があります。し

かし、「音楽を聞く」という行動は太古の昔からあったし、これからもなくなることはないでしょう。

つまり音楽の例で言えば、そのマーケティング競争の本質は「どんな高品質の音楽再生機械を発明するか」ではなく、「どういう音楽視聴行動（＝**音楽行動**）を提案・提供するか」にあるはずです。ある程度まで音質技術が進歩してしまった後は、より快適で愉しい音楽行動を提案・提供した企業のほうが勝者になるのです。

１９７９年に登場したウォークマンは、電車の中や歩行中の街中を劇的に音楽空間に変えてしまいました。これを携帯サイズの超小型カセットプレーヤーをつくったと見るか、新しい音楽行動をデザインしたと見るかできっとその後のマーケティング戦略も製品戦略も違っていくはずです。

▼▼▼本当の競争相手は誰なのか？

「音楽行動」に立脚すれば、ネット上の音楽流通プラットフォームへの投資や、パソコンやスマホなどのデバイス間で音楽データを共有する仕組み、ランニングシューズやランニングウェアとのコネクションといった全く新しい世界が見えてきます。勝者は必ずしも電機メーカーではないかもしれません。

一方で、小型音楽再生装置という「モノ」にこだわれば、カセットテープに代わる記録メディアを開発し、さらに小型・軽量化を極めるという競争になります。どちらに持続的な未来の可能性がありそうでしょうか。

先ほども映画とテレビの例で説明したように、**モノではなく行動で市場を捉えようとすると、「競合」という概念も捉え方を更新する必要がある**のです。今までは同じ製品カテゴリーの棚に並んでいる他社商品が「競合」でしたが、これからは自らの市場を代替する隣の市場（例えばデジカメに対してスマホ）の企業のほうがむしろ本当の競合です。逆に同じ市場の他社商品同士がそのカテゴリーを盛り立てる「仲間」になるかもしれません。

このように「同じ市場内の競争相手をやっつける」という発想から一度離れて、「本当の競争相手は誰なのか？」を考えてみることが必要です。そうすると逆に新しい「味方」が見つかるのです。そこが新しいマーケティングチャンスになるのではないでしょうか。

これからは、生活者のどんな行動をとり合うかという競争になる

一人の生活者の手持ちの資源（時間や体力、お金）は有限です。生活者自体も（頭数という意味で）有限の資源です。マーケティングとは、お互いにその限りある資源をとり合う活動ですから、今後も競争環境がなくなるということは絶対ないでしょう。むしろ国内市場縮小の中では競争はより熾烈なものになっていくと思います。

そのときに、従来の競争軸（＝同じ製品市場の中でシェアを競う）で競争を考えていては、もはや成長は期待できないだろう、という話をしてきました。これからの競争は、生活者の行動が発生するどんな時間や場所（空間）、あるいは気分をとりにいく競争なのか。そのときの本当の競争相手は誰なのか。そういう発想で新しい競争軸を発見し、そこにマーケティングの軸足を移した企業だけが勝ち残っていくのではないでしょうか。

新しい競争軸のベースは、有限な時間や空間の中にある生活者の行動です。だから行動を理解し、行動を変容させる「行動デザイン」が必要になるのです。

▼▼▼コーヒーを「行動市場」で考えてみる

みなさんは、コーヒーはよく飲まれますか？　「コーヒー行動」を入り口にして考えてみましょう。

CVSのカウンターコーヒーの登場は、缶コーヒー市場に大きなインパクトを与えたと言われています。カフェチェーンのテイクアウトコーヒー市場にも影響が出ています。ということは、缶コーヒーを買う人とカフェのコーヒーを買う人が完全に分かれていたわけではなくて、**コーヒー好きの人が複数の「市場」をまたいで買い回るコーヒー行動**がもともと存在していたことを示しています。

このような状況では、缶コーヒー、カフェチェーンコーヒーといった個別市場ごとにユーザー動向を追いかけるよりも、一人のユーザーの一日の「コーヒー行動」をまとめてウォッチするほうが、市場全体を俯瞰できるはずです。

　その上で、自社商品が生活者の一日のコーヒー行動全体の中のどのタイミングで選択されているのか、という「行動」にフォーカスした分析をするのが効果的でしょう。

　コーヒー行動から、さらに視点を上げてみましょう。いくらコーヒー好きの生活者でも、コーヒー行動だけをしているわけでありません。

　同じ時間帯（例えば朝、起き抜け）に代替関係にあるコーヒー以外の飲料（例えば紅茶やミネラルウォーター）の存在も視野に入ってくるはずです。

▼▼▼層状に重なる行動市場

　これを概念図にしてみました（下図）。行動で括られた市場はそれぞれがオーバーラッ

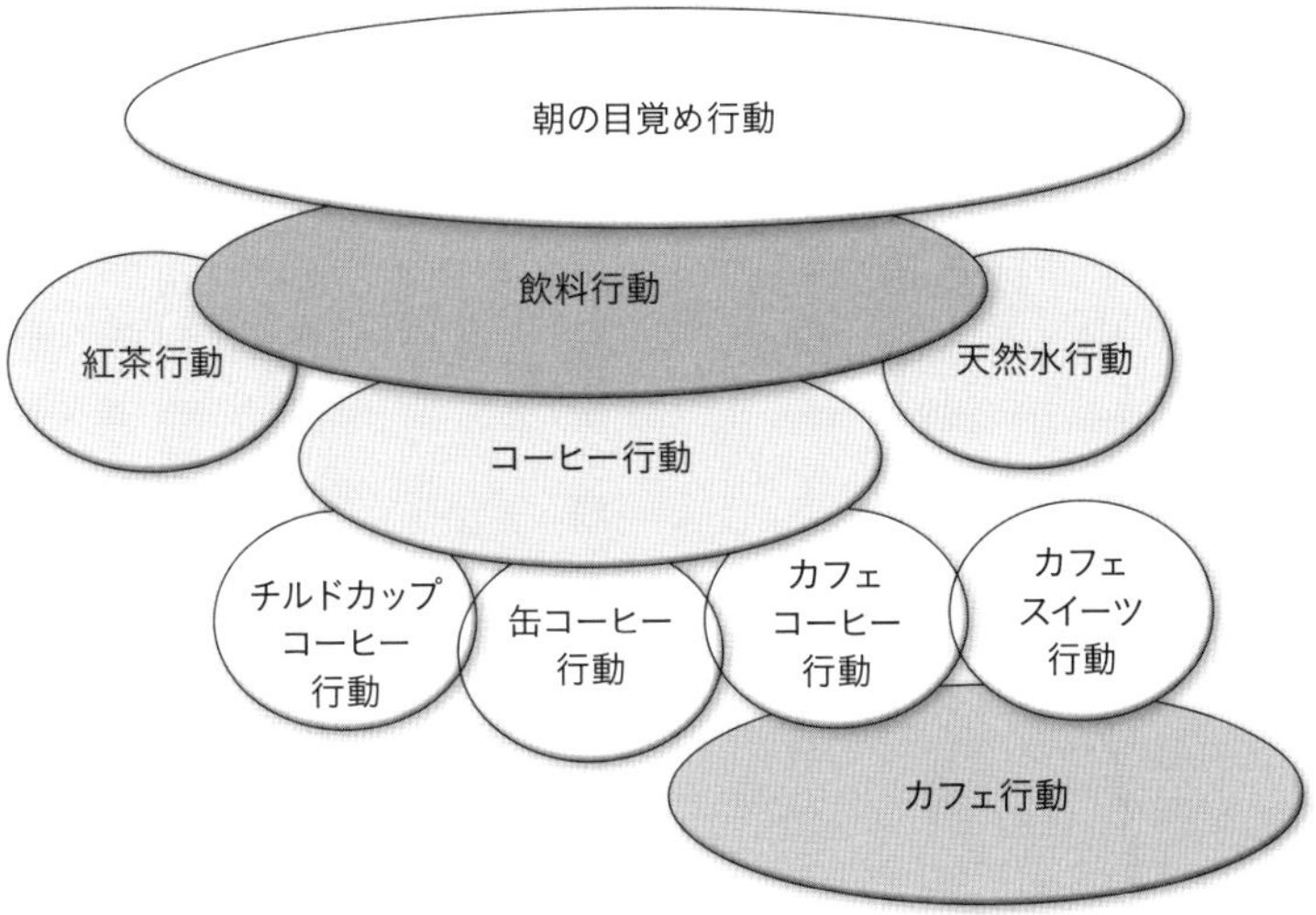

図2-3 層状に重なる行動市場

プしながら隣接し、あるいは層状に重なり合っています。

なぜならユーザーが重複しているからです。

だから個別の製品市場を見るのではなく、一人の生活者の**一日の生活行動をホリスティック（総体的）に捉える視点**が重要になるのです。

では、例えばコーヒーや紅茶やミネラルウォーターが同時に選択されている朝の時間帯を、どんな「市場」として読み解けばいいのでしょうか。

市場の意味は、生活者にとっての行動の価値です。

もちろん、「朝食市場」という括りでも悪くはありませんが、生活者がその時間をどう過ごしたいのか、までもっと踏み込んでみましょう。例えば**「朝の目覚め市場」**というような捉え方はどうでしょうか。

そこでは「一番いい目覚めを提供すること」が競争軸になります。

コーヒー以上に〝素敵な朝の目覚め〟を提供できれば紅茶にもチャンスがあるかもしれません。

このように、生活者の行動の中でどう市場を括り直すと新しい価値（＝競争軸）が見つかるかを考えることが、「行動デザイン」のスタートラインなのです。

「行動の括り直し」で新たなマーケットチャンスを生み出せ

「駅ナカ」という言葉を聞いたことがあると思います。「駅前」という立地を表す言葉から派生した造語ですが、「駅ナカ」には、「駅前」にくらべて立地だけでなく生活者の移動時間・移動空間を受けとめる、という「行動」の視点がより包含されています。

行動の括りは、市場の括りです。つまり、〝「駅ナカ」市場〟という新しい括りですね。**駅を通過する生活者の一日の行動**、という視点で市場を新しく括り直したことで、そこにもともとあった需要が大きく顕在化し、ビッグビジネスになったのです。

飲食・休憩需要やお土産需要はもともと駅内にあった需要ですが、「駅ナカ」という括りができたことでアパレルや生活雑貨の小型店舗がホームの上にある光景も普通になりました。電車の待ち時間が、洋服を探す時間に変わったのです。

▼▼▼「中食(ナカショク)」も行動発想!?

「中食」も同様の行動発想です。これも女性の有職率が増えて、家の外にいる時間が長くなった生活者の行動を捉えた市場の括りです。

家で食べる「内食」と、お店で食べる「外食」の中間にある需要は、テイクアウト惣菜や宅配なども含め、すべて「中食」市場に括ることができます。「中食」はＣＶＳチェーンが今、一番力を入れている商材の一つです。ＣＶＳ内にイートイン・コーナーを置いてそこで食べられるような店も増えてきましたね。これも「中食」です。

こうした括りは自然発生ではありません。そこでビジネスを構想した企業が仕掛けたから定着したのです。**一足先にモノではなく行動で市場を発想していたから、**こうした仕掛けができたのだと思います。

▼▼▼「52週ＭＤ」は行動発想だった

モノ発想に捉われがちな製造業に比べると、流通（小売）業は相対的に「行動」で市場を捉える視点も持っています。日々、お客さんに対面しているからでしょう。小売業の中でも特に毎日の食生活に寄り添うスーパーマーケットでは、「**52週ＭＤ**（マーチャンダイジング）」と呼ばれる店頭づくりが工夫されています。

「52週ＭＤ」とは1年３６５日を52週に分け、モノで区分されたレギュラー売場と並行して、毎週違うテーマを設けて売場をつくっていく〝カテゴリー横断型〟の売り方です。例えば「ひな祭り」の週は、いつもは別の売場にある五目寿司の素やお酢、あられや甘酒（つまり「ひな祭り」市場を構成する製品群）が1カ所に集められ、売場全体がピンク基調に演出されます。この週だけ、「ひな祭り」を祝うという行動（**「ひな祭り」行動**）で括られた「ひな祭り」売り場が出現するのです。

「52週ＭＤ」の考え方は今までお話ししてきた「行動で市場を括り直す」という発想に近いものです。製造業は生産ラインの効率が生命線なので、こうした柔軟なアプローチをとりにくいのですが、それでも最近は季節でフレーバーや味覚を変えたり、パッケージも季節限定にしたりする企業も少し増えてきました。

「受験生応援」というのも1〜2月頃に山となる「52週ＭＤ」テーマです。あるチョコレート菓子を「合格祈願のお守り」に見立てたマーケティングも、もともとは「52週ＭＤ」テーマ発のアイデアです。今ではたくさんの「合格祈願」パッケージの食品がその時期の棚に並ぶようになりました。**「受験生応援行動」**という括りが新しい市場をつくり出したのです。

問題は、このような新しい括りだと市場規模の試算が難しいということです。受験生の総数は統計がありますが、「受験生応援行動」の「行動量」は未知数です。でも、それでは精度の高いマーケティングは企画できません。

「顧客一人ひとりの行動量」把握で、マーケティングの精度は飛躍的に高まる

第2章の最後のパートでは、顧客一人ひとりの行動量を把握することで精度の高いマーケティングを実現しているダイレクトマーケティング業界の知見に触れてみましょう。それに

よって今までお話ししてきた「行動量」のイメージがさらにクリアになると思います。

この章の頭（49ページ）で、市場全体の「行動量」は市場参加人数と一人当たりのリソース（金額や頻度）投入量の掛け算である、と言いました。では自社のビジネスを行動ベースで捉えるには、どうしたらいいのでしょう。

それは、自社商品を買ってくれる顧客の頭数（ユニークユーザー数）と、顧客一人当たりの投入金額の累積を掛け合わせてみればいいのです。**この自社製品への「行動量」が自社のビジネス基盤**ということになります。

【ビジネスの基盤 ＝ ユニークユーザー数 × 一人当たり累積購入金額】

「なにをいまさら。そんなことは、当たり前じゃないか！」と言われるかもしれませんが、顧客のユニークユーザー数や、顧客一人ひとりの行動量を個別に把握している企業は、マスプロダクツ・ブランドの企業では、ほとんどありません。マスプロダクツ・ブランドの顧客数はときには数千万人という規模になります。直接、個人に販売していない限りは、それを正確に測る測定手法がなかったのです。

しかし、手法がなかったということは、それを測る必要もなかったということでもあります。従来は、製造業であれば出荷（製造）数量と市場シェア、小売業であれば日々の販売数量（日販・週販）が**「すべて」**でした。

（モノ発想の売上高・製造業の場合）
【売上高＝製造数×製品単価】
【シェア＝自社売上高／市場規模】
（モノ発想の売上高・小売業の場合）
【一日当たり売上高（日販）＝一日当たりレジ通過客数×レシート金額】

つまり、顧客のユニークユーザー数や一人ひとりの「行動量」を知らなくても大きな問題はなかったのです。

▼▼▼ダイレクトマーケティング業界はもともと、「行動発想」だった!?

その例外は、通販などのダイレクトマーケティング企業や、会員制のサービス産業です。どちらも氏名・住所・生年月日などで顧客をユニークユーザーとして特定できています。百貨店の個人外商などもそうですね。そこに金額、購入カテゴリー、購入頻度などの実績データをひもづければ一人ひとりの「行動量」が明らかになります。まさに「個客の行動」が見えているのです。

個客レベルで「行動量」という基盤情報があるので、マーケティング施策もかなり的を絞った顧客セグメント別のものになります。

例えば最も収益貢献度の高そうな顧客セグメント、あるいは逆に最も課題の大きい顧客セグメントに対してもっと行動してもらう施策（リピート購入促進やアップセル[4]・クロスセル[5]など）。あるいは新規顧客を増やして顧客の母数を拡大するといった、「行動量」全体を拡大するための施策。

このように、**行動レベルで顧客をセグメントし、優先順位をつけて施策を投入する**というマーケティング活動がダイレクトマーケティング業界ではルーティン（日常活動）になっています。

つまり**ダイレクトマーケティングは初めから「行動」発想だった**のです。そのことが通販会社や、製造業でも直販ルートを持っている企業の強みになっているのではないでしょうか。

「ロイヤル・カスタマー」は行動実績で特定しよう

ダイレクトマーケティング業界では顧客の分類も「行動量」が基準です。みなさんもよく「ブランド・ロイヤリティ」とか「ロイヤル・カスタマー」という用語を使うことがあると思います。その際どうやって「ロイヤル度（忠誠度）」を規定していますか？

ありがちなのは「昔からのお馴染み客」や「熱烈なファン」を「ロイヤル・カスタマー」と同一視してしまうことです。なぜ、それがいけないのでしょうか？ それは「ロイヤル度」を「取引期間」や「好意度」だけで捉えている可能性があるからです。

ダイレクトマーケティングの世界では「ロイヤル・カスタマー」を購入金額と購買頻度だけで明確に定義している企業も少なくありません。例えば「全顧客の中で直近の一定期間内（例えば過去1年とか半年以内）の購入金額が上位（例えば1割以内）に入るお客さん」という定義です。

その人がどんなに昔からの会員さんだとしても、どんなにそのブランドの大ファンでときどき肉筆のお手紙を寄せてくれる人でも、直近の購入金額が上位に入らなければ「一般顧客」でありＶＩＰ優遇をしないという運用を徹底している会社もあります。

ちょっと冷たいように聞こえますが、これは非常に合理的な発想です。なぜなら売上ではなく利益で見てみると、購入金額上位の「ロイヤル・カスタマー」から事業利益の大半（よく上位２割で利益の８割、と言われます）を稼ぎ出していることが多いからです。利益貢献度に応じた還元、というのが経営上は合理的な思考なのです。

みなさんも振り返ってみれば、「すごく好き」「応援している」と言いながら、実際にはそ

4　アップセル：より高額の商品への引き上げ
5　クロスセル：関連する他の商品の併売

れほど通っていないお店や買ってないブランドがありますよね。意識が高い割には利益貢献度が低いファン顧客ということになります。

好意と行動は別ものなのです。

意識は当てにならない。だから行動で捉えなくてはならないという視点は、ダイレクトマーケティング業界から学ぶべきものだと思います。

▼▼▼ 行動量を起点にしたマーケティングの兆し

一般流通のマーケティングでも、まだ一部ですがロイヤル・カスタマーを囲い込もうとするアプローチが始まっています。例えば自社サイト内にファンクラブ的な会員組織を組成し、そこに顧客の行動履歴[6]データを貯めて、それをマーケティングに活用する「データマーケティング」のとり組みです。こうしたとり組みが進めば、顧客を「行動量」で把握できるチャンスは大きく広がっていくはずです。

TカードやPontaカード、楽天カードなどの共通ポイントの発行会社は会員の行動データを加工してマーケ

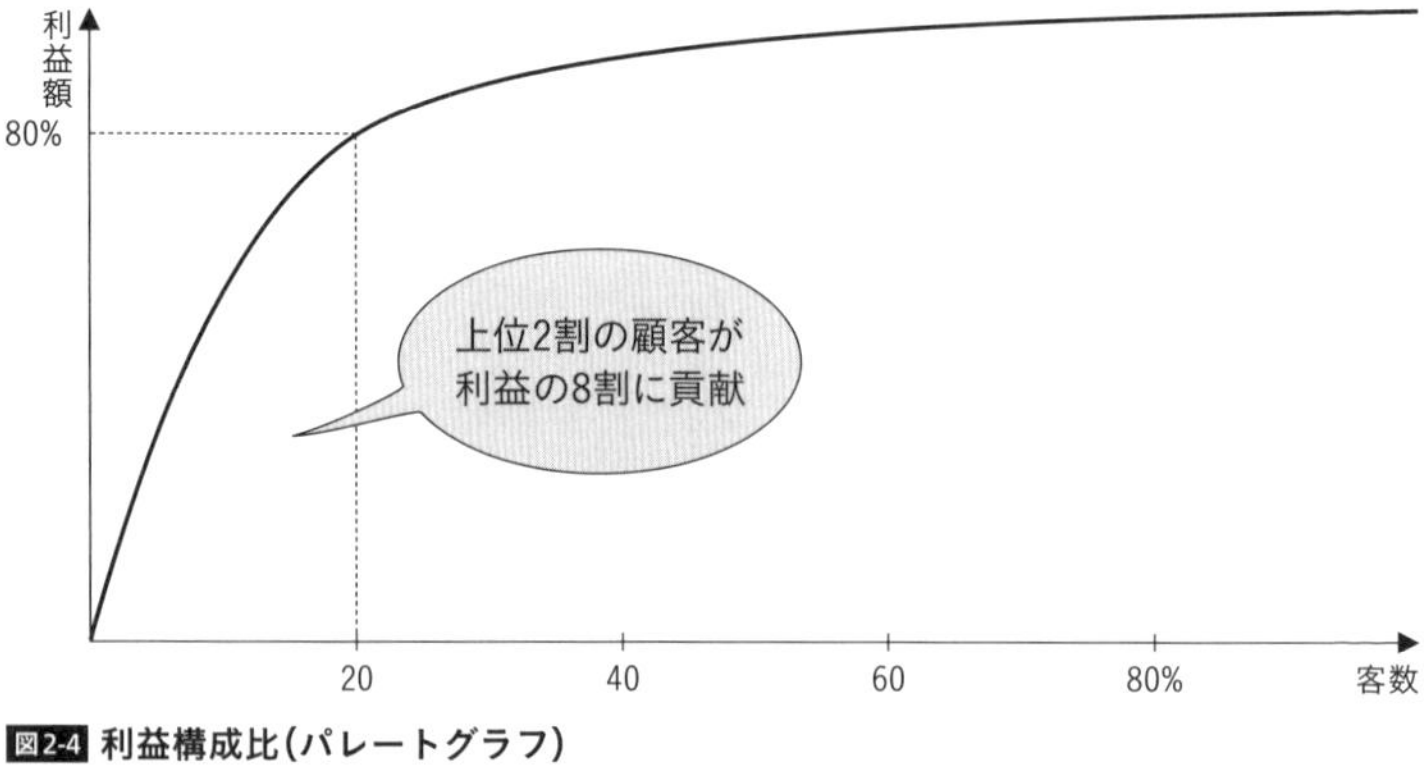

図2-4 利益構成比（パレートグラフ）

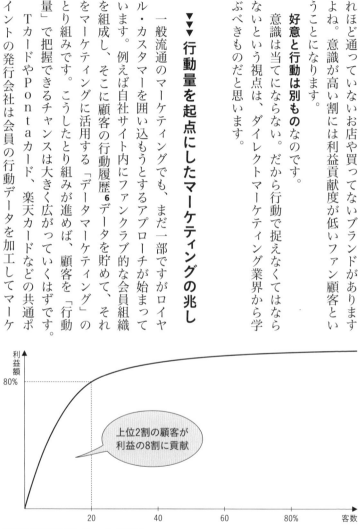

ティングに活用しています。

現在はクーポン施策など限定的な活用にとどまっていますが、加盟企業が真剣に顧客の「行動量」をベースにしたマーケティングを志向するようになると、もっとさまざまなデータ活用の可能性も出てくるのではないでしょうか。

マイルという形で自社ポイントを発行するＪＡＬやＡＮＡなどのエアライン会社も、自社のマイル会員に旅行商品や関連サービスを直接販売するダイレクトマーケティングを積極的に展開しています。

マイレージサービスを核にマイル会員のフライト履歴（行動量）と属性データをネット上できちんと管理・分析できるようになったことが大きかったのです。

「行動量」を起点にしたマーケティングは「行動デザイン」の一つのゴールイメージです。**すべてのビジネスの基盤は顧客一人ひとりの行動（購買・使用）で形成されている**からです。

その中で売上を増やすためには「有限な手持ち資源の中から自社の商品・サービスにお金や時間を割いてくれる比率（＝行動シェア）を増やす」か、あるいは「そういう人の数（ユニークユーザー数）を増やす」かの二択しかないのです。

6 **行動履歴**：取引（購買）、コンテンツ閲読、動画視聴、〝いいね〟やシェア、モニター／懸賞応募などの各種行動

マーケティング道場・行動館入門【1日目】

演習問題❶ もっと募金に協力する人が増えるようにするには？

「おはようございます。このたび会社の新人研修で行動館に入門させていただくことになりました。どうぞお手柔らかに、よろしくお願いします」

「お手柔らかにだと！　ここは稽古が厳しいことで有名なマーケティング道場だぞ。途中で音を上げてしまう若者が多いのだが、君は大丈夫か？」

「体力には自信があります」

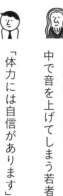

「必要なのは体力よりも、とことん課題の本質を突き詰めようとする精神力だ。心してかかれよ。館長は今大変お忙しいので、師範代のこの私が相手をして稽古をつけてあげよう。入門当日にいきなりだが、今回のお題は『募金』だ。どうしたらもっとたくさん、募金を集められるのか、考えてみてほしい。そもそも君は、募金には協力するほうかな？」

「実は、募金が苦手というか抵抗があって、募金を求められるとなぜかちょっと戸惑うんです。『偽善』じゃないかとか、その募金は本当に誰のためにどう使われているか、とかいろいろ考えてしまって」

「そういう人は少なくないぞ。だから募金がなかなか集まらなくて、困っとるんだ。日本は世界の中でも、またアジアの中でも寄付をする比率が少ない国と言われている。でも募金集めが大変なのは日本だけでなく、世界的にも共通の課題だ。だから、『募金を集めるためのキャンペーン』がよく海外の広告事例で紹介されているんだ」

「私も、なにかで見ました。絶滅の危機に瀕している動物のショッキングな写真をポスターにして、自然保護団体への寄付を呼びかけるやつです」

「目を止めさせて、今、自分の知らないところで起こっている問題に気づかせるという効果はあったわけだ。で、君はその募金に協力したかな？」

「いえ、だからといって募金まではいきませんでした」

「問題はそこだ。それはなぜだと思う？」

「そもそも、自然環境保護という問題があまり自分ごとになっていないですね。もっと身近なテーマだったら違うと思います。実際、前の大震災のときは自発的に募金に参加しましたし、それ以降はどこかで大地震が起きたときに募金を集めていると、気になるようになりました」

「まず、自分に関係あると思わせることはとても大事だね。でも、それだけでじゅうぶんだろうか。君のようにあまり募金に協力しないタイプの人を、行動に移させることができるだろうか？」

「その場ですぐ、簡単にお金を払える仕組みがあるといいですね。ポスターの前に募金箱を置くとか」

「それは、行動デザイン的には非常に大事なポイントだ。メッセージや写真のインパクトに凝るよりも、まず〝その場で、簡単に参加できる仕掛け〟を工夫すべきなんだ」

「たしかに、空港に置いてある募金箱には、余った外国のコインを入れてしまいます。持って帰っても使い道がないですからね。その募金がなんの募金だったかは印象にないんですが」

「そう、本当は募金の趣旨もきちんと理解してほしいのだが、目的が募金獲得にあるのなら、趣旨の理解よりもまずは行動させることだ」

「じゃあ、〝思わずお金を入れたくなる〟募金箱みたいなものを発明すればいいんですね」

「いいぞ、いいぞ。募金に伴う抵抗感を払拭し、あまり頭で考えさせないで、お金を入れるという行動を誘発する仕掛けが大事なんだ。そういえば空港にゲームセンターで使われていた古いゲーム機を設置し、募金の小銭を入れたら一回ゲームで遊べるようにしたという海外の事例があったなあ」

「〝正しい募金〟より、〝楽しい募金〟ということですね」

「なかなか、ツボを押さえたことを言うじゃないか。その調子だぞ。〝楽しい募金〟という意味では、2014年に日本ユニセフ協会がやったTAPプロジェクト2014『みんなの募金箱』もそんな事例だな。集めた募金で、清潔な水に恵まれないマダガスカルの小学校やコミュニティにユニセフ[7]が井戸を掘るプロジェクトを支援するためにやった活動なんだが、ある商業施設の中に設置された巨大な募金箱に、募金を入れる穴がたくさん開いていて、その一つひとつに〝まさと〟とか〝なつみ〟など約1000人分の名前が書かれているんだ。これは**『名前をつけると、人は動く』**という〝行動デザインのツボ〟で考えたアイデアなんだが（博報堂が企業のCSR活動として協賛）、実際にたくさんの子どもたちが一生懸命自分の名前を探して、そこにお金を入れている姿がなんとも微笑ましかったぞ」

「でも、ただ楽しくすればいいというわけではないですよね」

図2-5 たくさんの名前が書かれた「みんなの募金箱」
©日本ユニセフ協会_2014_tomoko shimamura, seiko ishikawa

「その通り。要は募金額目標を達成することができる仕掛けかどうか、ということなのだ。行動量に置き換えると、この場合、どういうことになるかな？」

「ええっと、募金に協力する人の人数と、一人当たりの募金額の掛け算が行動量ですね」

「正解だ。では、そのどっちが増やしやすいと思うかな？」

「個人からの募金の金額はそんなに大きなものにはならないから、やっぱり人数ですかね。空港なんかはたくさんの人が通過するから、募金に向いていますね」

「たしかに空港の事例は多いな。海外の空港に設置されたスタンド式のデジタルサイネージ（電子看板）なんだが、その画面の真ん中にスリットがあって、そこに自分のクレジットカードを通すことができるようになっているんだ。一回カードを通すと、その機械を設置した慈善団体に2ユーロが引き落とされるという仕組みだ。しかも、そのアクションがサイネージ上の広告画像と連動していて、例えばカードをナイフに見立て、両手を縛られた人の縄を切ったり、パンを切り分けたりできるんだ」

7 **ユニセフ**：国際連合児童基金

「そうか。募金獲得と同時に、『政治犯の人権保護』や『貧しい地域の子どもに食料を分けよう』といった募金の趣旨も直感的に理解できるようになっているんですね」

「そうだね。募金獲得と、趣旨の理解・啓発が同じタイミングで両立している、よくできた募金活動だな。でも、行動量という観点では他にも見所があるんじゃないか？」

「あ、一回2ユーロ、と定額になっているところですね」

「そこだ。よく気がついたぞ。ポケットの余った小銭を入れてもらうタイプの募金は、一人当たりの金額が一定ではないし、小額しか入れない人が多いので、集まる金額が読めないんだ。人数も読めない上に金額（単価）も読めないと、目標設定が難しくなるんだな。だから参加人数には上限がある、と考えて、募金単価を固定するほうが実際には募金額の見通しが立ちやすいんだ。では単価を大きく上げるアイデアはなにかあるかな？」

「〝お札専用〟の募金箱なんてどうでしょう」

「いい発想だが、それをうまく持っていかないと、参加のハードルを上げてしまったり、むしろ反発を招く可能性もあるから、注意するように。思わず、やろう！　と思わせるウィットのある行動デザインが必要なんだ」

「お札しか入らない、小銭は入れられないけどウィットのきいた募金箱、ですか。う〜ん難しい。お札のほうがサイズが大きいから、募金箱の穴にコインが入っちゃうなあ」

「そこが謎解きのポイントだ。実は、本当に〝お札しか入らない募金箱〟というのが既に海外にあるんだ。募金を入れる口が、一番小さなコインの直径よりさらに小さな丸い穴になっている募金箱だ。さあ、どうする？」

「あ、お札を細く丸めたら入りますね！　やった。謎が解けたぞ！」

「君もまんまとはまったね。謎解きに挑戦して正解を見つけた快感があるから、お札を入れるという行動が当人にとっては〝大きな損失〟ではなく〝大きな満足〟になっているんだ。次回以降は、そうした人の気持ちを読んだアイデアを自分で考えて、持ってきなさい。ちなみに、次回のお題は『どうしたらフィットネスクラブの入会者を増やせるか』だ。頑張ってくれたまえ」

第3章

人を動かす「行動デザイン」という発想

前評判は良かったのに
事前予想ほど人が動かなかった、
というような覚えはありませんか？
なぜ意識と行動の間にギャップがあるのか。
その原因がわかれば、打ち手も見えてきます。
行動を抑制している心の中の「リスクとコスト」について
考えてみましょう。

人は「あなたが思っているほど」動かない

国内だけでなく海外の消費トレンドもしっかり研究した。商品テストを重ねて、ほぼ全員が「市販されたら使ってみたい」という満足のいくレベルまで来た。ネーミングもパッケージデザインも事前調査でかなり評判が良かった。でもなぜか実際に棚に並んだら思ったほど売れない。リピート率も最初はまずまずだったが、やがて失速してしまった……。

年間に千の単位で新製品が登場すると言われる消費財市場では、こうした残念な結果に終わる「期待の新製品」は少なくありません。では、なぜ「思うように生活者を動かすことができなかった」のでしょう。

答えは簡単です。**「思うように」**というワードがカギです。「あなたが事前に期待していたレベル」と「実際に人が動いたレベル」に大きな乖離があったということが最大の問題なのです。

もちろん「これくらいは売れてほしい」という気合い、意思はとっても大事です。ただ、その目標設定が「実際に生活者がどれくらいの行動量（行動人数×金額、回数など）を提供してくれるか」という数字と大きく乖離してしまうと問題です。

なぜなら、商品にそれなりのポテンシャルがあって、全く売れなかったわけではないのに、**「目標を大きく下回った」**ために、せっかくのコンセプト自体も「失敗だった」と封印されてしまうことがよくあるからなのです。

▼▼▼行動量を意識した目標設定

「何万本／何万ケース売る」「シェアを何ポイント上げる」という最初の目標数値を一度、生活者側の「行動量」＝「何人の顧客がある期間に何回買って、どれくらいお金を使ってくれるか」にブレイクダウンしてみてはどうでしょうか。そうすると最初の目標がどれくらい現実的かが、がぜんクリアになってくるはずです。

以前、ある新商品についてクライアント企業の担当者の方がこんな発言をされていたのが印象的でした。

「この商品は毎日買ってもらおうとは思っていません。一週間の毎日のローテーションの中に、週イチで組み込んでもらえれば成功です」

これはまさに「行動量」を意識した目標設定です。

ほとんどの生活者は、毎日同じ商品だけを使っているわけではありません。一週間、一カ月という生活リズムの中で「自分なりのローテーション」ができあがっているのです。それを起点に考えることで、どうしたらそのローテーションの中に組み込まれるか（逆に言えば、現在のローテーションメンバーのどの商品をローテーション外に押しやるか）という現実的なプランニングが可能になります。

しかし、多くのクライアント企業のオリエンテーションは「できるだけたくさんの人に、この商品の良さを知っていただき、できれば毎日使ってほしい」という設定であることがほとんどです。それはそれで想いは受けとめたいと思いますが、大事なのは「生活者は自分が思うほど動かない」という現実に、おそれず冷静に向き合う覚悟だと思うのです。

なぜ「ついでに」という頼みかけで人は動くのか

「生活者は自分が思うほど動かない」。

これこそが、私たち研究所が「行動デザイン」を標榜する最大の理由です。そもそも人は「動かない」、つまり今とっている行動を変えたくないのです。

これは認知心理学でも裏づけられている人間の性質です。なぜなら、今やっている行動を止めて新しい行動を始めることは、今の行動をそのまま続けることに比べてはるかに大きなエネルギーコストを必要とするからです。

冬の朝に布団から出るのがいや、こたつから出ないで遠くのみかんに手を伸ばしたい、立つのが面倒なので椅子に腰かけたままキャスターで室内を移動してしまう……人の行動を観察すると、人はいかに「今の行動を変えたくない」という精神に溢れた存在かという実態がよく見えてきます。

みなさんは人にものを頼むとき、よく「ついでに」という言い方をしませんか？　あるいは逆に「ついでに、それもとってきてよ」と頼まれると、つい「あ、いいよ」と二つ返事で引き受けてしまうことがありませんか？

「ついでに」という誘いかけに効果があるのは、ゼロから新しい行動を起動させるよりも、既存の運動の「途中」に入り込むほうが容易（エネルギー消費量が低い）だからなのです。

▼▼▼行動に至る歩留まりの低さを認識する

逆に、今すでに始まっている行動を中断・減速させるのも意外に難しいものです。中止というのも一種の行動変化だからです。

街でチラシ配りをしたことがある方ならおわかりだと思いますが、薄いチラシ一枚でも手にとってもらうことは、容易ではありません。特に目的地に向かって足早に歩いている人はほぼ全員とってくれません。行き足がついている人は、少しでも余計なことで減速したくない、という一種の慣性の法則に従っているからです。チラシを受け取ってくれる確率は１％もあればかなりいいほうではないでしょうか？

ダイレクトマーケティングも似たところがあります。例えばチラシ広告を打ったときに電話がかかってくる反応率は１％どころかさらに小さいコンマいくつ、という歩留まりなのです。そこから逆算すると目標の反応数を獲得するためにどれだけたくさんのチラシを撒かなくてはいけないかが見えてきます。

ある宅配寿司企業の社長さんが「投げ込んだチラシのほとんどはすぐ捨てられてしまう。だからこそ、ある規模以上の枚数を撒かなくては絶対に注文はとれないのだ」というようなことをテレビで語っているのを見たことがあります。

一般流通のマーケティングがダイレクトマーケティングの知見を参考にするとしたら、この**「行動に至る歩留まり率の、圧倒的な低さ」**という事実認識でしょう。

「AIDMA」モデルの意外な落とし穴

なぜダイレクトではない一般流通のマーケティングになると「人はもっと動くものだ」と過大評価してしまいがちなのでしょうか。

それは**AIDMAモデル**[8]というチャートの刷り込みが影響しているのではないか？　というのが私たち研究所の仮説です。

ＡＩＤＭＡモデルは実は１９２０年代の米国で提唱された、消費者の購入プロセスに関するモデルです。

百年前のセオリーが未だにマーケティング理論の基本として生き残っているのは驚きですが、それなりの納得性があるということなのでしょう。「きれいな階段」状になったＡＩＤＭ

Aモデルのチャートをみなさんも目にしたことがあるはずです（下図右）。

マーケティングの浸透度を管理する一つの手法に「パーチェス・ファネル」というチャートがありますが、このチャートもAIDMA的な段階論に沿って層が階段状に並んでいます（下図左）。問題はその歩留まり率なのです。

人は繰り返し見るものには興味や好意をいだくようになると言われています（心理学で「単純接触効果」と言います）。

一番上の層（認知）とその次の層（興味・好意）は問題ありません。認知と相関が働くからです。

実際に筆者が今まで目にしてきた多くのキャンペーントレース調査で、認知率がある程度のレベルになると好意度もその5掛け～7掛けくらいの歩留まりで上がっていました。

問題はその先の「行動」レベルです。

8 AIDMAモデル：「AIDMA理論」や「AIDMAの法則」と呼ばれる。人は行動に至るまでに注目から始まる4つの段階を踏む、という考え方

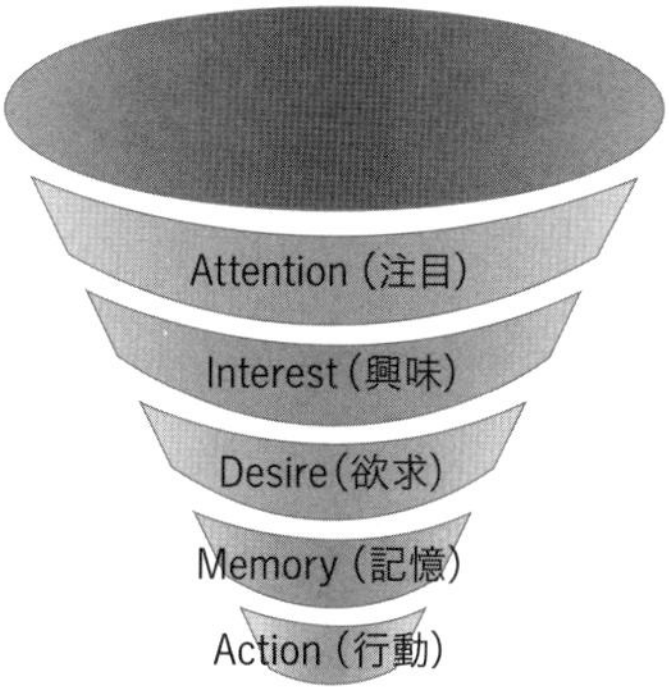

図3-1 AIDMAモデル

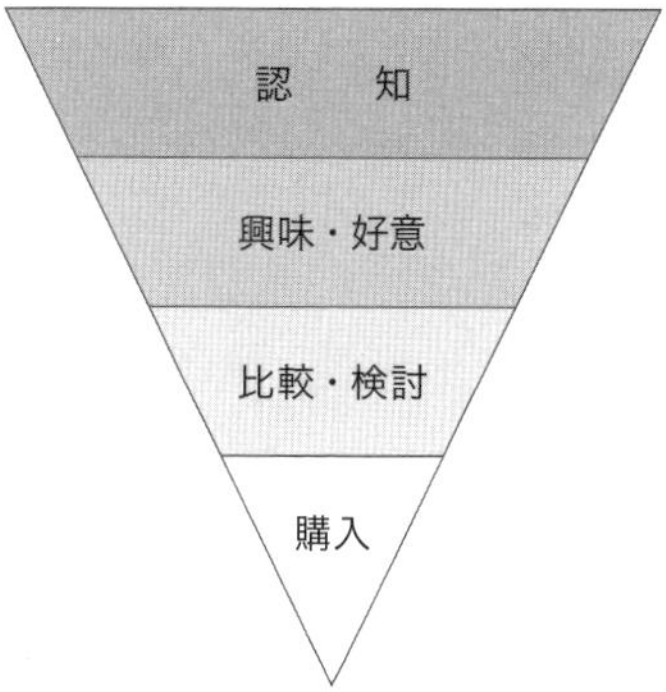

図3-2 パーチェス・ファネル

▼▼▼購入意向率と実際の購入率は乖離する!?

「行動」レベルには実は「行動意向」という意識面と「実際の行動」という実績面の2つの指標があります。重要なのは実績（例えば購入者数やリピート人数など）のほうですが、売り出してみるまではそれはわからないので、どうしても事前の「購入意向」で擬似的に判断する、ということになってしまいます。しかし、意向はあくまで意向であって、本当に買うという約束ではありません。

新製品の事前ユーザーテストで購入意向を測ると、筆者の経験では「ぜひ買いたい」が2割から3割、「ぜひ買いたい」＋「やや買いたい」合計では5割から8割というレベルで「買ってみたい・買っても良い」という回答になることが多くなります。それなりの自信作を評価にかけているのですから当然といえば当然です。

このように購入意向の数字がかなり高いので、パーチェス・ファネルを並べたときに最後の「行動（実際に買う人の数）」がなんとなく階段状に並ぶと期待してしまうのです（例えば認知9割、購入意向6割なら実際の購入率も3割くらい行きそうだ、と思いがち）。

これは、見慣れたＡＩＤＭＡモデルの図（およびそれに影響された「パーチェス・ファネル」チャート）がきれいな階段状になっていることから来ている一つの「思い込み」なのです。

実際は認知や購入意向に対する行動の歩留まりは、もしかするとチラシの反応率と同じくらいのコンマ数%かもしれません。でも、それではチャート上で「行動レベル」の帯が小さすぎてグラフにならない（表示できない）のです。だから「購入意向」が６割なら、実際の購入はその半分くらいになるのではないか、という根拠不明な期待を持ってしまうのでしょう。これが「過大評価」の一因になっているのではないでしょうか。

実際に社内の研修などでパーチェス・ファネルの歩留まりを仮に予測してもらうことがあるのですが、どのグループもほぼわかりやすく階段状に区切りのいい数字を入れていきます。**ＡＩＤＭＡモデル**のチャートの刷り込みがパーチェス・ファネルの予測値に影響を与えてしまっている可能性がありそうです。

意識よりまず行動をつくり出す「行動デザイン」というアイデア

ＡＩＤＭＡモデルは「意識が行動に先行する」（＝行動は意識に従属する）というロジックが基本になっています。そして、意識レベルが「認知」から「興味」・「好意」そして「欲求」へと段階的に変化していくと最終的には行動が喚起される、という「段階論」的モデルです。

なんとなく正しそうに見えますね。でも本当にそうなのでしょうか。本当に意識があるレベルに達すると自動的に行動が発生するものなのでしょうか？

実はＡＩＤＭＡ理論の中で「自動的に」とはどこにも書かれていません。でも、ＡＩＤＭ

Ａモデルのきれいな階段状のチャートを見るうちに「前の数値が高くなると（原因）、その次の数値もある歩留まりで高くなる（結果）」と思い込んでしまいがちなのです。**意識の数値と行動の数値が「因果関係」になっていると認識してしまうからです。**

これはマーケティングプロセスそのものに関わる思い込み、一種の「認知バイアス」と言ってもいいかもしれません。

このような認知バイアス（思い込み）には、さまざまなパターンがあることが認知心理学や行動経済学でもよく指摘されていますが、それは人間の一つの特性でもあります。だから自力でそれを補正することはたいへん難しいのです。

▼▼▼ 意識と行動は別物!?

第２章のロイヤル・カスタマーのくだりでも触れましたが、意識レベルと実際の行動レベルには思っている以上の大きなギャップがあります。

私たちの研究所が東京大学先端科学技術研究センターの渡邊克巳《かつみ》准教授（当時・認知心理学）と共同で行った調査（２０１４年）でも**「好きである」ことと「行動する」ことがあまり相関していないことがわかっています。**いくつかの行動を中止してしまった人の６割近くが、その対象を「今でも好きだ」と言っていたのです（次ページ図）。

つい「意識と行動には強い因果関係（例：好きだから買う／買っているから好き）がある」と思いがちですが、むしろ意識と行動は別物である、くらいに割り切って考えるのが妥当なのではないでしょうか。

こういう意識と行動のギャップを前提に、「思ったほど人は動かない」と考える。そして意識レベルの変化よりもまず行動レベルの変化をダイレクトにつくり出す。これが「行動デザイン」の基本的な考え方です。

行動が意識に先行することもありえる

私たちがよく引き合いに出す「行動デザイン」の代表事例は〝ＣＯＯＬＢＩＺ〟キャンペーンです（次ページ図）。これは地球温暖化を防ぐアクションとして環境省が２００５年から始めた「チーム・マイナス６％」という、温暖化ガス排出削減のための国民運動の一環として提案されたアイデアです。現在ではすっかり「夏の間はネクタイをはずす」行動が「新習慣」として定着していますよね。

意識（地球温暖化を防ごう）がなかなか行動（エアコン

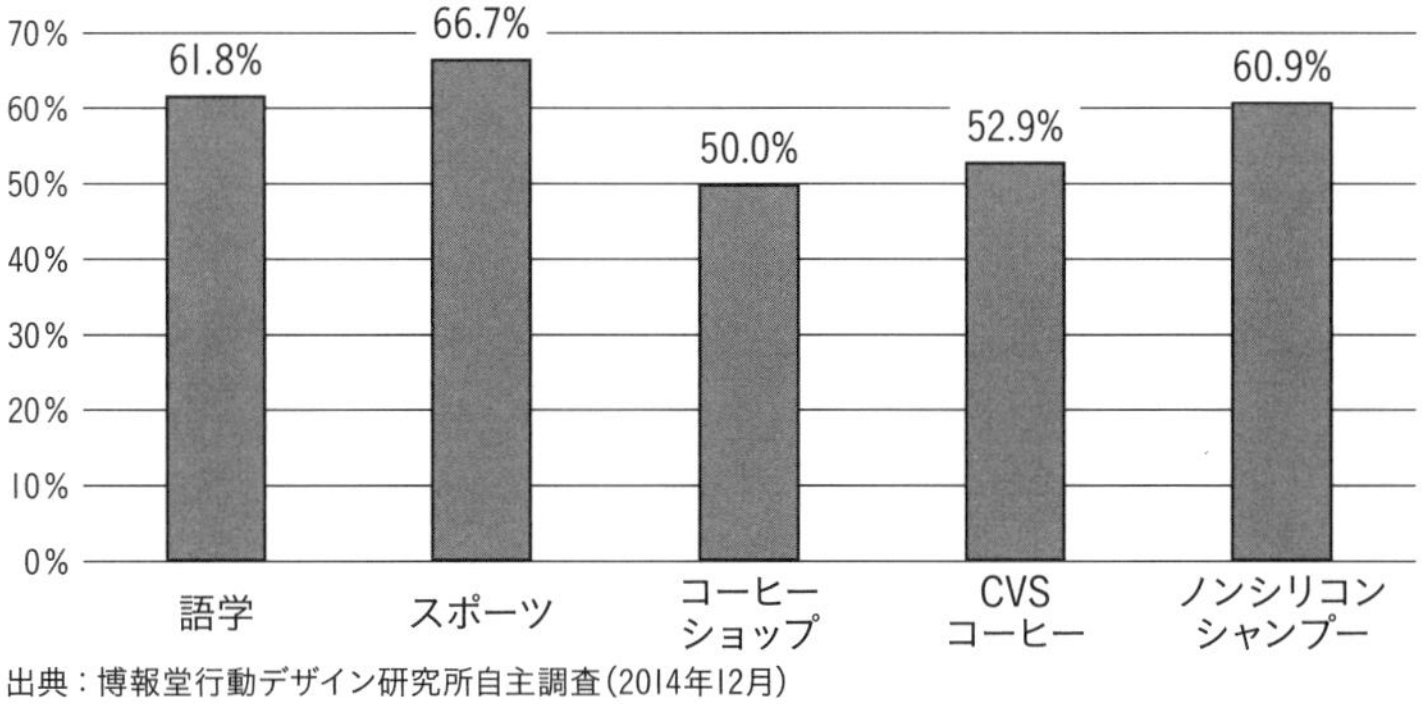

出典：博報堂行動デザイン研究所自主調査（2014年12月）

図3-3 行動中止者（および中止予定者）のその対象への好感度

を28度以上に設定しよう）につながらないときに、どうすればいいのか。そこでターゲットをビジネスマンに絞り、ダイレクトな行動誘発（ネクタイをはずす）でオフィス内のエアコン温度設定行動に連鎖させ、結果的に企業ぐるみでエコ意識を呼び覚まし浸透させることができました。

これはまさに行動を意識に先行させた「行動デザイン」の好事例だと思います。「温暖化ガス排出削減」を頭では正しいと思うが、その行動化は難しい。でも、夏にネクタイをはずすのは快適。だから多くのビジネスマンが「自分ごと」として反応し、行動に移したのです。

ＡＩＤＭＡモデルのところで説明したように、一般的には意識（意思）が行動をつくり出す、と思われています。しかしこの事例でわかることは、行動が意識に先行する場合もあるということです。実際、**「悲しいから泣くのではなく、泣くから悲しいと感じる」**という心理学の研究結果も存在しています。

▼▼▼ 行動が変わると、意識が変わる!?

もともと日本人は心と体が一体不可分であり、むしろ体をコントロールすることで心に影響を与えられることを本能的に理解しています。禅やヨガもそうした思考ですよね。

COOLBIZ

図3-4 COOLBIZのロゴ

茶室の「にじり口」は頭を低くすることで礼の心を思い出す設《しつら》えです。笑えば、楽しくなります。拍手をするといい講演だったような気になります。みんなで一斉にネクタイをはずすことで、エコ意識（国民運動への参加意識）が芽生えるのです。

私たち研究所が「行動デザイン」で目指しているのは、このように**「行動が本来持っている、人の意識に大きな影響を与える力」**をうまく利用して、意識と行動を一体のものとして変えていくアプローチなのです。そのほうが「まず、いい広告で意識を変え、次にいい販促で行動を変える」という従来の段階論的アプローチよりもはるかに効率がよさそうです。行動化させる歩留まりも高くなるのではないでしょうか。

なぜ「啓発キャンペーン」で、なかなか人が動かないのか

世の中には行動を変えることを目的とした「啓発キャンペーン」が溢れています。例えば「節電しよう」とか「安全運転をしよう」といったものです。「ポイ捨てを止めよう」「歩きスマホをやめよう」といった「ストップ！　○○」型のキャンペーンもあります。「選挙に行こう」「がん検診を受けよう」といったポスターもよく見かけますが、若年層を中心に投票率も、がん検診受診率もなかなか上がっていないのが現状です。

こうした「啓発キャンペーン」の多くは政府や自治体、あるいは鉄道などの公益企業やNGO団体が旗振りをしているものです。その内容はきちんと吟味され、社会課題の大きさに比べて生活者サイドの意識が低い、ギャップが大きいものが選定されています。メッセージの内容も「そうだ、正しい」と思えるものばかりです。自分自身が行動を変えるべきターゲットになっているものもけっこうあります。

それでも、そうした「啓発キャンペーン」で本当に機能していると思えるものは非常に少ない、というのが個人的な印象です。なぜなら自分が街でいろんな啓発ポスターを見て「そうだな」とは思っても、「だから今すぐやろう（止めよう）」とは思わないからです。〝COOLBIZ〟キャンペーンがむしろレアケースだったのかもしれません。

▼▼▼正しいだけでは、人は動かない

なぜ「正しいことを言うだけでは人は動かない」のでしょうか。

行政主導の「啓発キャンペーン」は語り口が生真面目で、表現にパンチがないからだ、という意見もあるでしょう。たしかに民間の広告に比べれば「正しいことを正しく伝えたいのである。以上！」という顔つきの目立つものが多くあるのも事実です。でも最近は行政のポスターでもタレントやキャラクターを使ったり、目を惹くイラストを使っているものも少なくありません。

つまり問題の本質は、表現アイデアの「強い・弱い」の話ではなく、もっと手前にあるの

ではないでしょうか。少し、その問題の本質に迫ってみたいと思います。

先ほど〝ＣＯＯＬＢＩＺ〟の事例で、サラリーマンが「温暖化ガス排出削減」というテーマに「自分ごと」として反応した、と書きました。

毎日たくさんの情報が流れてきますが、その多くは自分に関係のない「他人ごと」です。我々はそれを瞬時に分別し、スルーしてしまいます。「啓発キャンペーン」の多くは、本当は自分にも関係している内容なのですが、それを「他人ごと」と受けとめてしまうのでなかなか自分から行動を起こさない、というのはよくありそうな状況です。

自分にとって切実な問題である、と切迫感を感じない限り人はなかなか行動に踏み出しません。そういう意味では「自分ごと」化させることが人を動かすマーケティングにとっては非常に重要な命題、ということになるかもしれません。でも、本当に「自分ごと」化させれば人は動くのでしょうか。

「自分ごと」化の、その先を考えなくてはならない

実は私たちも「行動デザイン」というキーワードにたどり着く前には長年、「自分ごと」化というフレーズを多用していました。気づかせる力のある、使い勝手のいい言葉だからです。

でも問題はその先です。次第に「本当に『自分ごと』化すれば、行動に移るのか？」という疑問がわいてきたのです。

同時に、いくら「自分ごと」化が大事だと唱えていても、それだけでは、「どうしたら『自分ごと』化するのか？」という方法論が見えてこないということも、大きな課題に感じられてきました。

「自分ごと」化するかどうかは主に意識レベルの問題です。「関心がある」「好き」とか「ファンになる」という意識レベルは、「知っている」というレベルに比べればはるかに「自分ごと」化していると言えるでしょう。

しかし、再三申しあげてきたように「好意と行動は必ずしも相関していない」のです。意識の上で「自分ごと」化させるだけでは、まだ足りないのです。

▼▼▼「自分ごと」化は、結果論!?

筆者が通っていた小学校では中学受験をする子はほとんどいなかったので、中学受験なんてどこか遠い世界の「他人ごと」という感じでした。そんな小学生にいくら受験レベルの勉強を強いても、本気でとり組むわけはありません。

でも、ある日仲良しの友人が受験するという話を聞いて、中学受験という選択肢が少し「自分ごと」になりました。受験レベルの勉強にも興味が湧きましたが、だからといって本気で中学受験をすることはありませんでした。それはまた別の話だ、と思ったのです。

つまり「自分ごと」と思っていないときに自発的に行動する人はいない、というのは真理かもしれませんが、だからといって**意識の中で「自分ごと」化さえすれば、必ず行動するとは限らない**、ということなのです。

そのテーマが自分にも関係あると思うかどうかは、とても重要な分岐点です。そこで「他人ごと」としてスルーされてしまったらそれっきりです。そういう意味ではバナー広告やチラシも含め、すべての広告は本質的に「自分ごと」化を目指すクリエイティブ（キャッチコピーや画像・映像）である、と言ってもいいと思います。それでも人はほとんど動かない、というところに根の深い問題があるのです。

逆に、一度行動してしまえば、その対象は結果として次第に「自分ごと」になっていきます。

マラソンを始めるにはけっこうな勇気がいりますが、一度大会に出た人は次の大会に向けて自発的に練習をするようになります。つまり「自分ごと」化というのは、「結果としてそうなった状態」を指す概念であって、人を動かすための方法論ではないのだ、と考えたほうがいいと思います。

「自分ごと」化は、どこまでいっても意識上の変化誘導です。行動を変化させるためには、また別の新しい方法論が必要になってくるのです。

人の行動原理の基本はエネルギーコスト

なぜ紙幅を割いて「啓発キャンペーン」の話をしてきたかというと、「啓発キャンペーン」は非常に難易度の高い題材だからです。

通常の消費財のマーケティングでは、商品はだいたい魅力的です。誰も欲しいと思わない商品を売り出す企業は存在しません。

それに比べて「啓発キャンペーン」の対象の多くは「どちらかというと、やりたくない」行動です。考えてみれば当たり前ですよね。誰も自発的に動かないから、予算を組んでキャンペーンをやる必要があるわけです。

ですから難易度の高い「啓発キャンペーン」で効果的な行動デザインをつくれれば、それは消費財のマーケティングにも大きなヒントになるのではないか、と考えて私たち研究所としてもいくつかのテーマにとり組んでいるのです。

ではなぜ「啓発キャンペーン」はなかなか成果が出ないのでしょうか。

その理由を考えるためには、まず「なぜ人は行動を起こさないのか」を知る必要があります。

実は、そこには三重の問題が重なっているのです。

- 問題1「自分に言われているように思えない」という問題
- 問題2「やるべき行動には見えるが、やりたい行動に見えない」という問題
- 問題3「やりたいと思っても、なにか腰が重い」という問題

▼▼▼問題の本質はエネルギーコスト!?

問題1はコミュニケーションの改善(意識の上で「自分ごと」と思わせるメッセージなど)でなんとか解決できそうです。特に広く国民全体に呼びかけるような啓発キャンペーンほど、結果的に誰も自分が当事者と思えない、つまり「自分ごと」になりにくいコミュニケーションが多いと感じます。

問題2は、そもそもやりたくない行動なのでちょっと工夫が必要です。がん検診が大事なのはわかっていても、「検査が痛そう」という不安や「なにかあるかも？と診断されること自体が怖い」という不安があってついスルーしてしまうのです。

ここがまさに行動デザインの出番です。ただ「あなたのためですよ」と一方的に広告で伝えるだけでは、どんなに強いタレントやキャラクターを使ってもまず無理です。これについてはいくつかアプローチ(手法)がありますので、本書の後半で詳しくご紹介したいと思います。

ここまで来てもまだ最後の難関が立ちはだかっています。それが問題3の「やりたいと思っても、腰が重い」というハードルです。それはエネルギーコストに関係しているからです。

我々、人間は有限なエネルギーを大事に節約することで厳しい環境を何十万年も生き抜いてきた存在です。だからエネルギーコストについては非常に敏感です。余計なこと、無駄なことをしない、という性質がそもそもの人間の本性なのです。

一方で生存を脅かすリスクは常に存在しています。外敵に襲われて全力で逃げること、危険に巻き込まれること（例えば道を踏み外して崖から落ちる、など）は非常にエネルギーコストを必要とするリスクです。

仲間はずれになることもリスクです。なぜなら群れからはずれて食物を探すのは大変なコストがかかるからです。つまりリスクはすべて、コスト要因になります。だから**コストを節約するためにはリスクを低減させなくてはならない**のです。

人は必ずしもお金（価格）だけでは動かない

「備えあれば、憂いなし」という格言がありますよね。

実は格言というのは、人がそれをやりたがらないものだから存在するのです。つまり「事前に備えるコスト」を嫌って備えをしないほうが、人間の一般的な行動特性なのです。それに対して「リスクに備えなかった結果、発生するコストのほうが大きいものだ」という経験値（教訓）で人を諭し、備蓄行動を促すためにこの格言が必要だったのでしょう。

仲間はずれもリスクであり、それは同時にコストですから、**「周囲に同調する」ことはコスト削減**になります。まさに「みんなで渡れば、怖くない」、です。逆に周囲がネガを感じるような行動を一人だけとることが難しいのも同じ理由です。

誰も質問しないときに手を上げて「質問！」という人は非常に勇気があるか、あるいは非常にリスク感度が低い人です。いくら内心やりたい行動であっても、そこになんらかのコスト要因（リスクもその一つ）があれば、それが行動喚起を阻害する大きな障壁になってしまうのです。

マーケティングにおいてお金（価格）は決定的な要因だ、と考えている人は多いと思います。実際、収支計算を度外視して大幅値下げや「無料」化を断行すれば、それなりの反応は得られるはずです。だから他の工夫を諦めて、価格戦略に走ってしまう企業が少なくないのでしょう。しかし、一度下げた価格を再び値上げするのは大変な努力が必要になります。

お金（価格）はわかりやすいコストです（ただし、コストは実はお金だけではありません。これは次の章でまた解説します）。だから行動に大きく影響するのでしょう。

一方で値下げや無料キャンペーンでも思ったほど、あるいは以前ほど、人が動かないというケースもよく耳にします。「３割引き」でも、恒常化すればそれが通常価格だと感じてしまう、という「慣れ」があるからです。

▼▼▼人は非合理的なコスト感に揺れ動く

動かない理由は価格だけではありません。そもそも**「やりたくない行動」は無料でもやりたくない**のです。あるいはその行動に本人が強く感じるなんらかのリスクや、別のコスト（時間がかかる、手間がかかる）があれば値引き分は簡単に相殺されてしまうはずです。

逆に、価格（金額）を気にしないで思わずお金を使ってしまう、あるいは自分の値ごろ感以上に高いものを買ってしまうという行動も存在します。例えば買物に付き合ってくれた友人への見栄で高いほうを選んでしまう、という体験は誰にもあるはずです。

あるソムリエさんに聞いた話ですが、レストランで少し高めのワインを売ろうと思ったらその上にもっと高いワインを値づけしておくといいそうです。一番安いワインは他の人の前ではなんとなく頼みにくく、その上の価格帯のワインがむしろお手頃に見えて選びやすくなるからです。

つまり価格（金額）に関する評価というのは極めて感覚的な〝印象評価〟なのです。それは常に、正確に金額換算できないリスクやコスト（他人にケチだとか貧乏だと思われるリスクなど）が価格の評価に干渉してくるからです。

このように人の行動は、お金も含めたさまざまなコストとの見合いの中で動いたり、止まったりと揺れています。だから人を動かすためには、その人の感じているコスト感（あるいはリスク感）はどのようなものかを見極め、その上で感覚をデザインし直す必要があるのです。

くわしくは、次の章で見ていきましょう。

マーケティング道場・行動館入門【2日目】

演習問題❷ もっとフィットネスクラブ入会者が増えるようにするには？

「師範代、おはようございます。この前頂戴したお題のご提案に上がりました」

「おお、そうだ。今回はフィットネスクラブがお題だったな。マーケターも体が資本。特に行動館では、体の動きを重視しておるから、格好のお題だと思ったのだ。しかし君は見たところ少し肉づきが良すぎるようだが、なにか運動はしているのかね？」

「すみません、学生の頃までテニスをやっていたのですが、最近はなにもやっていません。やらなくてはと思ってるんですが、なにせ忙しくて……」

「みなそう言うんじゃ。フィットネスクラブ業界はここ数年、会員数の伸び悩みが目立っている。平日に毎日通えるシニア客が増えているのだが、単価の低いデイタイム会員が多いので客単価が上がらない。特に若い人が集まらなくて、困っているんだよ」

「はい。そこで私が考えたプランはこうです。まず、ターゲットを20〜30代女性と40〜50代男性に分けて考えました。20〜30代女性は美容・健康への意識が高く、40〜50代男性は生活習慣病予備軍ということで体を気にする時期だと思います。20〜30代女性はファッション性やトレンドが大事なのでプログラムをもっとセンスのいいものにする、40〜50代男性向けには会社でメタボ健診でひっかかった人専用のコースをつくる、というアイデアですが、いかがでしょうか。あと〝女子割〟という20〜30代女性向けの割引きプランと、メタボ割という40〜50代男性向けの割引きプランも考えてみました」

「まず誰を動かすかを考えて、そのターゲットの日常を掘り下げるという初動は良いと思う。ただ、若い女性向けのヨガやピラティスのプログラムを増やすのはどこの教室でもすでにやっていることだよ。それでもあるフィットネスクラブでは新しく入会した20代女性の多くは1年以内に退会してしまうという話だ。入会行動だけじゃなくて継続行動にも課題があるんだよ。それはなぜだと思う?」

「う〜ん、もしかすると最近は女性も残業が多くて帰りが遅いから平日に通いにくいということでしょうか。それなら夜遅くまで開けていればいつでも通えるんじゃないでしょうか？」

「たしかに、定時に会社が終わって花のアフターファイブを満喫するOLライフなんて最近では〝昔話〟だね。夜遅くでも行けるというのは〝アクセシビリティ[9]〟という点では重要なポイントだ。都心では24時間制の施設もできているね。では君は平日の夜、遅くまで開いていれば入会するのかね？」

「いや、自分は平日は本当に夜中まで残業か、少し早く終わった日はだいたい同僚と飲みに行くので、仮に遅くまでやっていても通えないですね。週末はいろいろ忙しいし」

「そこだよ。自分がしない行動を、他の人はするだろうと考えてはいけない。自分がやらないことは人もやらない可能性があると、まず思ってみることだ。君が提案した『割引プラン』だってそうだ。君は割引プランがないから、入会をためらっていたのかな？」

「いえ、違います。価格のことはあまり気にしていませんでした」

「じゃあ、飲み会のときはどうかな？」

「必ずネットでクーポンを探してダウンロードして使います。割引プランで店選びをすることが多いかもしれませんね」

「その差はなんだろう？」

「そうか！　すると決まっている行動、したい行動に関しては価格が意思決定に大きな影響を与えるけれど、逆に価格を下げてもしたくない行動がしたい行動に変わるわけではないということですね！」

「よく気づいたね。そうなんだよ、価格が影響するのは実は最終的な選択局面の意思決定であって、価格にすべての行動を誘発するほどの力はないんだ。それを『需要を増やすためには価格を下げればいい』という経済学の教科書を鵜呑みにして値下げを恒常化させた企業が、収益性の悪化で苦しんでいるのはよく見かけるだろう？　ではハードルが入会金や会費ではないとしたら、なにが問題なんだろう。費用以外のリスク感について考えてみたかね？」

9　アクセシビリティ：物理的な近さや手に入れやすさのこと。第８章２５５ページ参照。

「あ、リスクの話ですね。会費を払って一回も行けない月があるというのはやっぱりリスクなのでは？」

「もし、すでにそうなるかもしれないという予想があったら、どうする？」

「たしかに、行かないかもしれないと予想していたら、それでも入会することはすごいリスクですね」

「いや、そのもっと先まで想像できるかな？　入会一カ月で退会したとき、自分をどう感じるだろう。『また続かなかったなあ』と〝なんでも三日坊主で終わってしまうダメな自分〟に自己嫌悪する姿が予想できないかな？」

「なるほど！　若い人がフィットネスクラブに感じているのは〝自己否定につながるリスク〟なんですね」

「中高年男性だってそうだよ。鏡に映るぶよぶよの情けない姿をむきむきのインストラクターや若者の前に曝《さら》すのが精神的コスト、つまり入会リスクなんだ。最近では壁を鏡にしない教室や、個室タイプもできてきているのはそういう理由だと思う」

「では、一年間で好きなときに通える回数券とか、一カ月でやめたら入会金全額返金とか、退会して一年後に再入会すると『おかえり特典』なんて施策が効きそうですね」

「ほう、なにかをつかんだみたいだな。その調子だ。〝続けられるフィットネスクラブ〟というブランディングも有効だと思うよ。ところで40～50代男性のほうだが、そもそも彼らをターゲットに設定するのは難しくないだろうか。マラソンなどの運動好きは人口のたかだか一割。あとは月イチのゴルフやサウナでじゅうぶん満足している可能性があるぞ。それに、会社のメタボ健診とセットにして送り込むというのは非常に有効だと思うが、それは行動デザイン的には〝反則〟だぞ。〝強制すれば人は動く〟のは当然で、強制できないときにどう自発的に動かすかの技を磨いてほしいのだ。もし40～50代男性をどうしても狙うのなら、フィットネスクラブを彼らが〝好きなこと・やりたいことができる場所〟に変えていかなくては、絶対興味を示さないと思う」

「そうか。では例えばゴルフがうまくなるための体幹を鍛えるレッスンとか、釣り好きのためにバイクマシンのモニターに釣り番組を流すとか。あと教室の中か近くでアフターにビールつきの懇親会をやるのもいいかもしれませんね」

「それはいいね。ビジネスマンは異業種交流会で名刺を配ったりするのが好きだし、一方で女性に比べてフィットネスクラブの会員同士でもなかなか会話のきっかけがなく孤立しがちだから、そういうお膳立てはいいかもしれないね。もし若い女性インストラクターも懇親会に参加してくれるならモチベーションはかなり上がるかもしれないぞ」

「師範代世代を動かすツボは、やっぱりそこでしたか！　わかりやすすぎます～」

「おっほん。今回はちょっと易しすぎたかな。次回は『バウムクーヘン』がお題だ。心してかかるように。ではまた明日」

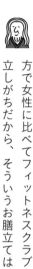

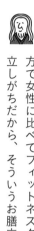

第4章

リスク感とコスト意識が、行動の鍵をにぎっている

私たちが扱おうとしているのは生身の人間の行動です。
新しい行動をつくり出すのは難しいのですが、
たくさんの人を動かした事例も存在しています。
動くことと、動かないことの差を
なにがつくり出すのでしょうか。
人のリスク意識などを踏まえた
心理学的なアプローチで
このテーマを掘り下げてみましょう。

「すぐ行動する人」の比率は1～2割？

厳冬期のアルプス登攀《とうはん》に挑む人たちがいます。80歳でマラソン完走を目指して走っている方もいます。誰に頼まれたわけでもなく、自分でやりたくて行動しています。こんな姿を見るとわくわくしてきますよね。さまざまな制約を乗りこえて、むしろ制約があればあるほど、人は行動したくなる存在のように見えます。

一方で、冬にこたつから出たくない人のように「なるべく余計なエネルギーを使わない」「動かない（今、とっている行動を変えたくない）」というのもやはり人間の実態です。どちらが人間という存在の真実なのでしょう。

答えは「どちらも」、です。

人間には**「促進的な側面」**と**「抑制的な側面」**の**二面性**がある、ということなのです。やめておけばいいのに危険な冬山に挑む、これが「促進的な側面」。大丈夫、と言われても慎重になってしまうのが「抑制的な側面」。

この二面性は一人の人の中にも同時に存在しますし、組織や地域といった集団の中でも見られるものです。

▼▼▼８割は様子見して、動かない!?

では、その比率はどれくらいなのでしょうか。Ｅ・Ｍ・ロジャーズという人がつくった「イノベーションの普及曲線」というモデルが一つの目安になると思います（下図）。この図は見たことがあるという人も多いのではないでしょうか。

このモデルでは、ある集団の中で新しいことを真っ先に始める「イノベーター層（革新的採用者）」はわずか２・５％、それを見て自分たちもやってみる「アーリーアダプター層（初期少数採用者）」は13・５％、ということになっています。つまり「促進的な人」の比率は２割弱で、あとの８割は慎重に様子見をして、すぐには動かない「抑制的な人」ということなのです。

母集団の文化的特性や、対象がなにかによってこの比率は変わってくるとは思いますが、経験的には**「積極的に行動をする人」は１〜２割**、という感覚でだいたい合っているように思います。

例えば平日、会社帰りにスポーツをする、という人の比

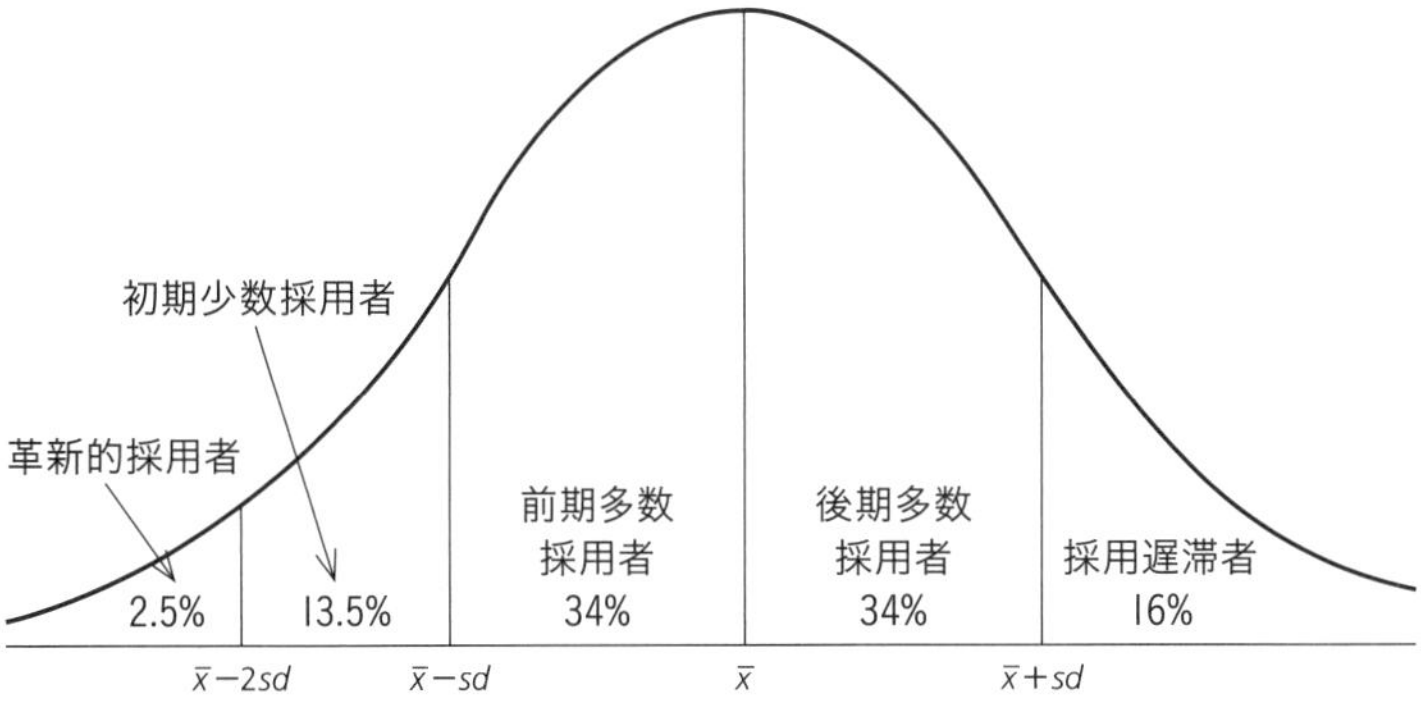

図4-1 イノベーションの普及曲線 『イノベーション普及学』より

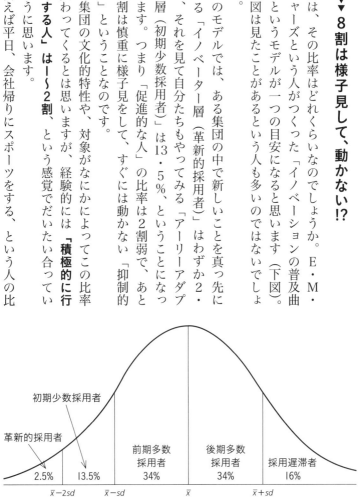

率も1割くらい。ランニングをしています、という人の比率も1割弱。運動（スポーツ）はいろいろな行動の中でもエネルギー消費量の大きい、負荷の高い行動です。感覚的にはもっと多くの人がスポーツを楽しんでいるように思いますが、実際に調査で「やっている」と回答する比率はこんなものなのです。

もし「促進的な側面」の比率が逆に8割くらいだったらどうでしょう。みんなが冒険の旅に出かけて帰ってこなかったらその集団は存続できません。全員が激しい運動を続けたら、エネルギー消費が多すぎて食料や燃料が枯渇してしまう、ということもあるでしょう。

人間の行動特性や身体機能は人類が誕生した十数万年前から大きく変わっていないと言われていますが、そのほとんどの時期をぎりぎりの食料や燃料で暮らしてきたわけです。結果として生き残ったDNAが持っている「促進的」側面の比率が1〜2割、というところに落ち着いて、現在に至っているということなのです。

「リスク感度」の違いを認識しよう

人間も含めすべての生物の最大のテーマはなんでしょうか。

そう、「生存すること」です。

個体として、集団として、そして種として永続するための生存戦略が生物の体の特徴やふるまいを規定しています。生存し、繁殖するためにはエネルギーが必要です。有限なエネルギーをより効率よく使用できる体や行動特性を持った種（みなさんのことです！）が、生存戦略の「成功者」として今日、生き残っているのです。

前章でリスクとコストの話をしました。行動しなければ食料を採れませんが、行動にはリスクが伴います。危険を察知したときに、これくらいならGO、これくらいならストップ、と判断する「リスク感度」が行動を考えるときの重要な鍵になります。真っ先に新しいことを始める「イノベーター層」は、つまりこのリスク感度が低い人たちだ、と言えるでしょう。

逆にいくら焚《た》きつけてもなかなか動かない人たちは非常に「リスク感度」が高い人たちです。ロジャースのモデルでは、こうした人たちは大勢の他の人がすでにやっているのを見て、遅まきながら自分たちも始めるようになる、とされています。田舎に住むお年寄りにスマホやＳＮＳなどのサービスが普及していったプロセスは、まさにそれでした。

「行動デザイン」を考える上で、動かそうとしている人たちはどれくらいのリスク感度を持っているのか、なににリスクを感じているのか、を理解することが極めて大切です。それがわかれば、どうやってリスク感を緩和していくか、あるいはリスクを一瞬忘れさせることができるのか、というアプローチが見えてきます。

▼▼▼「返品OK」はリスク感を緩和する

アメリカに「1年間返品OK」を〝売り〟にして成長した靴の通販会社があります。「返品自由」というのはリスク感を緩和して、まずは行動に踏み切らせる有効な方法の一つです。

「効果がなかったらお金はお返しします」という売り方をしているダイエット・プログラムもあります。実際には返金を申し出るのにもさまざまなコスト（精神的、物理的）がかかりますから、本当に返金請求する比率は1割以下、という話を聞いたことがあります。まさに「行動する人は1割」です。だから、こうした「返品マーケティング」が成立するのですね。

初めて行動するときにはリスク感は非常に大きいものですが、2回目はぐっと敷居が下がります。「慣れ」（「馴れ」）というのはとても大事な要素です。初回を無料にする、試供品を無料で進呈する、という通販の代表的な手法は「初めてのリスク」の緩和を重視しています。

見慣れた、馴染みのある人が広告していると人は安心するので、「初めてのリスク」感の緩和に有効でしょう。知名度の低い企業やブランドがスポーツ選手や芸能人など、テレビでよく見る人を広告タレントに起用することが多いのは、単に認知度や好感度の向上ということだけでなく、名前を聞いたことがない企業に対する「リスク感」の緩和につながるからなのです。

お金だけじゃない、「5つのコスト」を理解しよう

前章で「コストはお金だけではない」という話をしました。具体的には楽天大学の仲山進也学長によれば、コストには次の５つがある、と言われています。

- 金銭的コスト
- 肉体的コスト
- 時間的コスト
- 頭脳的コスト
- 精神的コスト

人間がお金（通貨・貨幣）を使う経済に移行したのは数千年前、と言われています。つまり人類の長い歴史の中ではコストは常にお金以外のものだったのです。現代でお金を使わない生活や社会はありませんから、我々はついなんでも金銭的コストに換算して考えがちです。でも、「無料」「割引」などの価格操作だけでは人が動きにくくなっている今だからこそ、金銭コスト以外のコストについて、改めて考えてみるいい機会だと思います。

現代社会は昔のように体を使わなくて済む社会です。電気製品や自動車の発明が肉体的コストを大きく削減してくれました。それらは時間短縮にも役立っています。コンビニエンスストアや自販機、Eコマース（ネット通販）のおかげで欲しいものはいつでも、どこでも簡単に手に入ります。つまり時間的コストも以前より小さくなっています。

こうした体を使う、時間を使うというコストの肩代わりをみなさんが関係している製品やサービスが担っているわけです。ただ、よく見るとまだ肉体的コストや時間的コストが発生している場面は多々、残っています。「家具を組み立てて設置する労力」や「銀行や病院の待ち時間」などです。そこには新規ビジネスのチャンスがありそうです。

▼▼▼頭脳的コストが増大する現代社会

コスト感は本人の所得や年齢（加齢）によっても当然変わってきます。高齢者は電球を交換するのにも大変な肉体的・時間的コストがかかるのです。そこが街の電器屋さんの出番、でした。これからのマーケティングは例えば高齢者の金銭的・肉体的・時間的コスト意識をどう理解し、どう扱っていくかがテーマになっていくと思います。

20世紀後半からデジタル技術を軸に急速にイノベーションが進み、結果として以前ほどお金も、手間（労力）も、時間も使わずに過ごせる社会になっています。手元のスマホで通販サイトから最安値の商品を選んで家に届けてもらう、という購買行動が当たり前の姿になりました。さらにネット通販は、店舗販売で発生していた在庫や販売に関する金銭的コストを劇的に低減させてしまいました。

こうした**デジタル技術の進展で生まれたもう一つの側面が、「情報コスト」の高騰です。**

「情報コスト」というのは情報を収集・探索したり、それを分析・評価したり、記憶しておくことで発生する受け手のコストです。情報を効率的に処理するのが頭脳の役目ですから、情報コストは「頭脳的コスト」の代表格ということになります。

この情報コストが今、大きく高騰しているのです。お金、体、時間のコストが低くなってきたぶん、余計に頭脳側のコストが目立っているのかもしれません。

最後の「精神的コスト」は「他人に気を使う」「一人で思い悩む」といった心に関するコストです。これも頭脳的コスト同様に、集団で体を動かす場面が減った現代社会で顕在化してきたコストと言えるでしょう。

相手の「ＯＫ率」が精神的コストを緩和する

心配や不安も、大きな精神的コストです。最近の若者の「自動車離れ」は、自動車産業にとって切実な課題ですが、それは「不安」が大きな要因だと言われています。

自動車は人類の「肉体的」「時間的」コストを激減させた偉大な発明です。維持費を含めて金銭的コストはそれなりにかかりますが、昔のように「贅沢品」というものではありません。公共交通機関が少ない地方では一人一台、自動車を持つのが普通です。一方で都市部に住んでいれば、自動車は「あれば楽しい」という存在でしょう。ここが都市部の若者にとって微妙なところなのです。

「事故を起こしたらいやだ」「渋滞にはまったらいやだ」という不安感、つまり精神的コストが、自動車で得られる楽しみを上回ってしまうと、自動車に手を出さなくなります。「自己責任社会」を生きていかなくてはならない、と言われて育った今の若者世代はリスク回避志向が強いのです。自動車がないと彼女をデートに誘えない、という時代でもありません。

人にどう思われるか、空気の読めないやつと言われないか、仲間はずれにされないかといった「不安」も、この世代に強い特徴です。常時ＳＮＳ環境に接続している状況は、ちょっと江戸時代の「ムラ」のような監視社会にも通じるところがあります。その中では、表面的には気を使いながら、他人との関係にフラストレーションを感じる場面が増えていきます。こうした「精神的コスト」を低くしてあげない限り、行動に踏み出せないのです。

▼▼▼「ＯＫ率」を高めれば、行動が喚起される

私たち研究所が使っているキーワードに「ＯＫ率」というものがあります。これは、相手を誘ったときに、いやそうな顔をせずにすんなり同意してくれるかどうか、という指標です。誘ってみて断られたら、別の提案をすればいいじゃないかと思うのは古い世代の発想です。

若い世代は「場違いな提案をしがちな人」と相手に認識されてしまうかもしれないリスクに過剰に敏感です。ですから「ＯＫ率」が低そうな提案ははなから諦める、という思考回路になります。

「ＯＫ率」が効いてくるのは友人と誘い合って行く外食やレジャーの選択です。自分がいくら「ここに行きたい！」と思っていても、相手が「え？　なんで？」という顔をしそうであれば、話を切り出すこともできません。これは外食店舗やテーマパーク、レジャー施設、旅行などのマーケティングにおいて非常に重要なファクターです。本当に人を動かそうと考えるなら、単にターゲットが「行きたくなる」施策を考えるだけではダメで、連れの「ＯＫ率」を上げておくアイデアが同時に必要になるのです。

「ＯＫ率」を上げるということは、場合によっては「認知率」を上げることよりも有効です。初めて聞いた場所でも、相手が「それなら、私も行ってみたいな」と思わせるようなストーリー設計があれば、それが効くのです。そのときには「今、○○の間で話題の」というフレーズも効果的です。「○○」以外の人たちに認知・理解が低い対象でも、「○○の間で話題ならいいかも」、と「ＯＫ率」が高まるからです。

頭を使うコストを下げる「簡便法」が有効な時代

今、我々の周りに流れている情報の量が飛躍的に増えています。デジタル技術の進化でデータ量の大きな画像や動画を短時間で送れるようになったからです。それに伴って、やりとりされる情報（データ）の形式が文字から写真、そして動画へとシフトしているのはご存知の通りです。ちょっと前のデータになりますが、総務省のレポートでは、インターネットの情報量は２００１年度に比べて２００９年度で71倍になっています（出典 総務省「情報流通インデックス」２０１１年）。

これが「情報コスト」高騰の原因です。情報量が増えれば増えるほど、その中から自分に必要な情報を検索・収集したり、それを分析・判断するのに必要な時間や労力、つまりエネルギーコストが上昇していきます。

ネット上の多くの情報は無料なので、必要以上にたくさん集めてしまいがちです。でも、**生身の人間が処理できる情報量には限界があります。**結果としてなにが正しいのか、どのお店がいいのか、情報が錯綜してかえって悩んでしまうという経験は覚えがあると思います。これも一種の「精神的コスト」です。

このように、得られる情報（リターン）に対してそれにかかるコストが増えすぎてしまうとどうなるでしょうか。当然、そのコストを削減する方向に向かいますよね。そこが**「簡便法」**の出番なのです。

「簡便法」というのはロバート・B・チャルディーニという米国の心理学者が名づけた人間の情報処理（判断）の〝癖〟です。人は疲れているときや集中していないとき、急いでいるときには状況を正確に分析して判断しようとはせず、「経験的にだいたい正しい」という手がかりだけで簡易に判断をくだしてしまう傾向があるのです。

▼▼▼「簡便法」がよく使われるのは？

「行列ができているお店は、だいたいおいしいだろう」（社会的証明）、「大学の先生がお墨付きを出しているのだから、この健康法はだいたい正しいだろう」（権威）といったものが代表的な「簡便法」です。

「レアものは、だいたい高価なものだろう」という判断も同様です。あまり脳を使いたくないときや、使わなくても済みそうなときに、「行列」（社会的証明）、「大学の先生」（権威）、「レアもの」（希少性）といった手がかりが、無意識下に参照されてしまうのです。

あまり関心がない対象に対しても、「簡便法」が動員されます。逆に自分に危険が差し迫っていると感じているようなときには、人は脳をフル回転して状況を正確に分析し、不利な判断（コスト増加のリスクのある判断）をしないように頑張ります。これも無意識下で起こる脳のはたらきです。

「簡便法」は必ずしも悪いものではありません。いちいち情報をていねいに吟味していたら時間ばかりかかって、かえって機を逸してしまうかもしれません。「簡便法」を悪用するインチキ商法は論外です。

でも、「なにを選んだらいいか、迷ってしまって困る」「それほど重要でもない判断に、あまりエネルギーをかけたくない」という生活者にとって「簡便法」はけっこう効率のいい便利なもの、という側面もあると思います。

特に、これだけ情報量が増加し、情報処理コストが増加している現代では、ますます「簡便法」の出番が増えているように思います。自分で食べておいしいと思ったお店でも、他人を誘おうと思うときは、ついネット上の誰かの評価（＝社会的証明）を参照してしまいますよね？

実際、いくつかの成功したマーケティングで、「簡便法」は人を動かす仕掛けとして活用されています。

例えば、ネットメディアの中でも、キュレーションサイトと呼ばれる、ネット上の膨大な情報を自分向けに再編集して提供してくれるＷｅｂサイトに人気が集まっています。

キュレーターがセレクトした、という「お墨付き（権威）」のある情報が簡易に入手できるからです。これも一種の「簡便法」効果とみることができそうです。

人は得するより損に敏感
感情と行動の関係

あるポイントカードの会社が、「このポイントカードを持っていないあなたは、実は損をしている！」と呼びかける広告を見たことがあります。普通は「〇〇カードを持ちませんか？ポイントが貯まりますよ！」という言い方をする会社が多いので、ちょっと「おやっ？」と思ったのでよく覚えているのです。

この広告でカード会員がどれくらい増えたかはわかりませんが、きっと効果はあったのだと思います。なぜなら、まさに筆者の家内があるポイントカードを持ち始めたときに「もっと早く加入しておけば良かった。今まですごく損をしていたわ！」と話していたのを聞いたからです。

人が「得をすること」より「損をすること」に敏感であることは、行動経済学の研究によってすでによく知られています。古典的な経済学の教科書の、「人間は経済合理性で判断し、行動する」という理論は、生身の人間には必ずしも当てはまらないということがわかってきたのです。一万円を失うときの口惜《くや》しさは一万円を手に入れるときの嬉しさより強い、というのはみなさんも同じではないでしょうか（行動経済学では「損失回避性」と呼んでいます）。

筆者の家内はいつも何種類ものポイントカードをお財布に入れて、お店によって使い分けています。カードの発行者からすれば、まとめて一本化すれば早くたくさんポイントが貯まるのに……と、理解不能な行動かもしれません。でも、本人にとっては、いつも買物する店で買い物をするときにポイントが貯まらないこと、つまり **〝機会損失〟のほうが強い動機になっているのです。** ポイントプログラムはおおむね、有効な手法です。しかし普段の買物では、ポイント以外のさまざまなファクターのほうが効いていることが多いのです。還元率が0・5%から1%程度であれば、むしろお店への通いやすさとか品揃え、価格といった要因のほうが大きく影響するからです。

エアラインのマイレージを貯めている人は同じエアラインを選ぶ確率は高いと思います。それはマイルの還元率が比較的高い上に、貯めたマイルによってステータスが上がっていくからです。ある程度マイルを貯めると、せっかくここまで貯めたのだから、という心理が働いて、なかなか他にスイッチできなくなってしまうのです（自分の過去の行動を正当化する心理的なバイアス効果です）。

ただ、海外出張が非常に多い人はまた違う判断をしているようです。筆者の同僚は、月に数回、仕事で海外の各地に飛んでいる強者ですが、積極的には一社のマイルを貯めていないと言っています。出張の都度、一番発着時間の都合がいいエアラインを選んでいるので、結果的にいろんな会社のマイルが同じように少しずつ貯まってしまう、のだそうです。

▼▼▼ポイント・コレクトの動機は「損失回避」!?

こう考えてくると、人はポイントを最も効率よく貯めるために同じお店や同じエアラインを選び、同じカードで得をするように積極的に動く（たくさん買物をする）という企業側の想定は少し、都合が良すぎるかもしれません。

毎日の買物はしなくてはならない行動。そのとき損はしたくないから、ポイントは集める。ポイント10倍の日には必ずそのお店に行くが、それは損をしたくないからで、だからといっていらないものまで買うことはない。これが生活者の本音です。

これを「生活者にポイントを与えれば、必ず動く」と勘違いしてしまうと問題です。

最近、多くの自治体が「健康ポイント」などの名前で住民の健康行動（定期検診受診やウォークラリー参加、万歩計の歩数など）に応じてポイントを発行する活動を始めています。しかし、現時点ではそうした活動に積極的に参加するのは日頃から健康に興味のある層だけで、一番参加してほしい「不健康な人」や「運動がきらいな人」はあまり反応してくれないのだそうです。

つまり、ポイントを集める行動の背景には「損をしたくない」という動機づけはあっても、やりたくないことまで始めよう、と思う動機づけはないということだと思います。逆に言えば、それくらい人は「損をしたくない」感情が強い、損することに敏感な存在なのです。

「朝三暮四《ちょうさんぼし》」という中国の諺《ことわざ》があります。飼われていた猿たちが栃《とち》の実を朝に3個、夜に4個もらうよりも、朝に4個、夜に3個もらうほうがいいと怒ったという逸話から来ているのですが、経済合理性で考えれば等価な事象に対して、人はついバイアスがかかった認識をしてしまいがちです。でも、たしかに「朝に3個」のほうがなんとなく損をしているように感じてしまいませんか？

「行動ブレーキ」と「行動アクセル」で、リスク感をマネジメントしよう

こうした「損」に対する強い意識は、理性というより、かなり感情的なものです。それは今まで述べてきた、「リスク」に対する感受性とも通じるものだと思います。むしろ「常にリスクに敏感でいるために、損失に対して強い感情が働くようにプログラミングされている」と解釈したほうがいいのかもしれません。「リスク感」は行動を阻害することもありますが、逆に**「損したくない！」と強い感情が生まれたときに思わず体が動いてしまう、ということもあるのです**。

行動発生のメカニズムは「怒り」「喜び」「恐怖」「悲しみ」などの強い感情（心理学用語で〝情動〟という）と直結していると言われています。たしかに、憎たらしいやつに「思わず手が出てしまう」行動を抑えるのは難しいようです。つい乱闘してしまうスポーツ選手は、その瞬間は出場停止のリスクなどすっかり忘れているでしょう。

社会生活の中で育まれた「羞恥心《しゅうちしん》」や「自尊心」、「罪悪感」は〝社会的感情〟と呼ばれることもありますが、これらも非常に強い感情（情動）です。

こうした〝情動〟がきっかけとなって、それまで行動を抑制していた気持ちが解放されたり、逆に〝情動〟に強く背中を押されて行動が加速したり、という心理状態の変化が生まれます。この変化をうまく制御することで、人の動きをつくり出すことができるのではない

か？ というのが私たち研究所の大きな仮説です。

こうした心理状態の制御を自動車の運転に例えて、**「行動ブレーキ」の緩和や「行動アクセル」の加速**と見立てました（下図）。

人（特に大多数の慎重な人たち＝リスク感度の高い人たち）は、いつも新しい行動を阻害する「行動ブレーキ」を引きっぱなしにしています。

それを、ちょっとした仕掛けで解除・緩和してあげることで、人が思わず動き始めることがあるのです。

逆に、強い感情（情動）を刺激すると、人はリスクを忘れて行動に移ることがあります。そういう行動は、だいたい「本当は（本能的に）やりたいけど、我慢している／やるきっかけがなかった行動」です。そういう行動の背中を感情がぐっと押すのです。それが「行動アクセル」の加速、です。

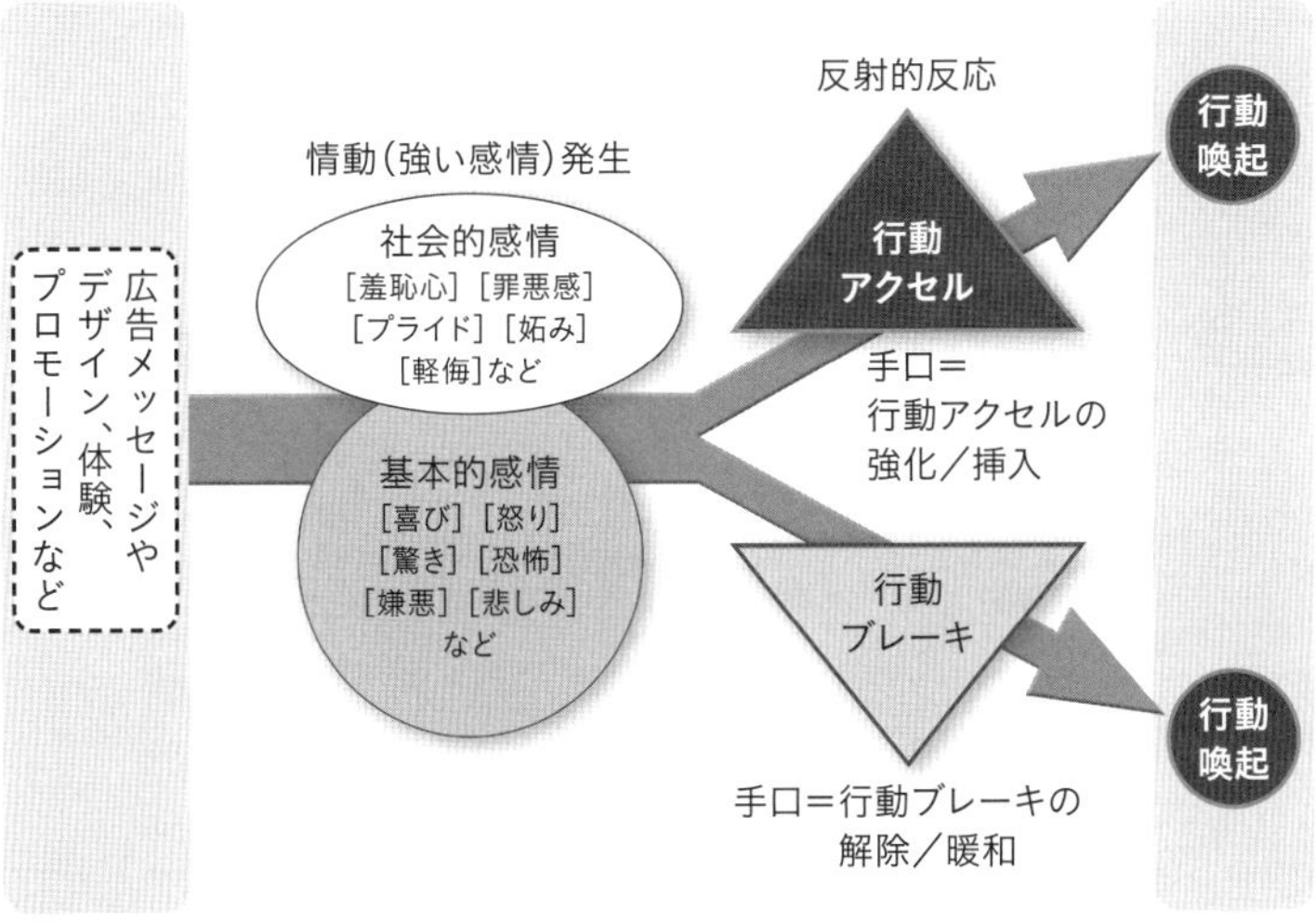

図4-2 行動アクセルと行動ブレーキ

▼▼▼強い感情が行動を喚起する

「サッカーは格闘技だ」と言う人がいます。たしかに、強いサッカー選手は本質的に〝ファイター〟だと思います。それをイエローカード、レッドカードという「行動ブレーキ」で普段は制御しているわけですが、なにかの瞬間に〝ファイター〟の本能が噴出して反則行動（相手のラフプレーに対する体を使った抗議行動）が加速してしまうのです。

生活者が思わず行動ブレーキを緩めてしまう、あるいは行動アクセルを踏んでしまうような感情のつくり方については、また後半で詳しく説明しますので、ここでは**「強い感情が、行動を喚起する」**という原理だけ覚えていただければけっこうです。

ここで、記憶力の良い読者は「あれ？　第3章では〝意識と行動は相関しない〟と言っていたのに？」と思われたかもしれません。たしかに、人は「好き」という意識から思いがけない行動をとってしまうことがあります。意識が行動を喚起している状況です。それはどう考えればいいのでしょうか。

問題はそのときの「好き」という意識が、自分でも制御できない突発的な感情（＝恋）なのか、それとももう少し冷静で持続的な、価値評価に近い感情（＝好意）なのか、というところです。「恋」と「好意」の差は、その情動性の強さです。

恋は非常に強い情動です。色恋沙汰で犯罪まで起こしてしまう人もいるくらいです。だから、もし商品に対して「恋愛」レベルの強い愛着を持たせることができれば、それをどうしても手に入れたい、という行動を喚起することは可能かもしれません。しかし一般的な「好意」というレベルの意識では、行動を誘発するには至らないこともある、ということなのです。

さらに言えば、色恋沙汰のケースはだいたい「恋人を他の人にとられたくない、失いたくない」という「損失」に起因する感情や、「妬み」「復讐心」といった強い情動が行動の動機になっています。実は「恋の感情」自体ではなく、むしろこうした「損失回避」系の感情が結局は人を動かしている可能性も否定できないのです。

「レーン・チェンジ」というリスク感の下げ方

このように「リスク感」について分析することで、人がなかなか新しい行動を採用しない理由が少し見えてきましたね。では、そんな中で新しい行動をつくり出した事例は、どのように「リスク感」を制御していたのでしょうか。

私たちが着目したのは、**「自分の馴染みのものには、リスク感を感じにくくなる」という特性です。**前にも言いましたが「よくテレビで見る芸能人やタレントを広告に起用する」ことは、知名度の低いブランドの作戦としては「リスク感」を緩和する効果があると思います。

ただ、それだけでは「やってみよう」「やってみたい」というところまではまだ行かないですよね。

ではどうしたら、「やってみたい」という感情をつくり出すことができるのでしょうか。その一つの方法を紹介しましょう。

「レーン・チェンジ」法です。

「レーン・チェンジ」というのは、今、自社商品がいるポジション（レーン）を、近くのポジション（レーン）に置き直してみる、という思考法です。4車線、5車線あるような高速道路で、近い（隣の）レーンは見えているので馴染みがあり、移動するのにリスク感が低いですよね。

逆に遠くのレーンにいっぺんに移るのは恐怖感があります。そんな見立てで私たちが考えたキーワードです。

第1章で説明した「行動」による市場区分の話を思い出してください。ここで言うレーンとは「行動のカテゴリー」と同じ意味です。

例えば、「携帯音楽プレーヤーでどこでも音楽を聞く行動」（従来レーン）を、「街を、音楽を聞きながらランニングする行動」（新レーン）に転換することで新しい市場機会をつくる、というのが「レーン・チェンジ」です。

▼▼▼「レーン・チェンジ」で意識と行動を変える

「レーン・チェンジ」はマーケティングの教科書に出てくる「リポジショニング」（競争軸の

転換）にかなり似ていますが、そこで転換しているのが意識（イメージ・ポジション）だけではなく、行動もセットで転換させていることに注目してください。上記の例では「いつでも、どこでも音楽を聞く」という音楽主体の行動が、「気持ちよく走る」というスポーツ主体の行動に置き換えられています。ここが大事なポイントです。

小型化が行き着くところまで行き着いて、新しい争点を提示できなくなったとき、携帯音楽プレーヤーの競争は飽和し、市場は停滞していきます。前にも書いたように、そのとき「音楽プレーヤー」の中に答えはないのです。では、どうするか。

ちょっと顔を上げて左右を見渡してみてください。

たくさんの人が、イヤホンをして街でランニングをしている姿が見えてきませんか。それが新しいレーンです。

音楽はもう鑑賞目的ではなく、気持ちよく走るためのサポート手段なのだ、と立ち位置を変えてみましょう。「音楽プレーヤー」が、それまでの競争軸とは全く違う新しい競争軸（競争の土俵）を手に入れられることがおわかりになるでしょう。

このランニング市場という行動で括られた市場は、音楽市場から見ればちょっと距離感はありますが、全く遠い「レーン」ではありません。昔から運動会で徒競走のときはノリのいい音楽がかかっていました。

音楽を聞きながら走ると気持ちいい、ということはランナーなら直感的に理解できる感覚です。カーステレオの音楽でドライブを楽しんだ経験があれば、なおさらです。

▼▼▼ 馴染みのある〝乗り換え先〟が重要

今度は携帯電動歯ブラシで考えてみましょう。電動歯ブラシは「モノ発想」では衛生用品に分類されています。でも、その中の競争（1分間の振動数など）が飽和してきたら、どうすればいいのでしょう。携帯電動歯ブラシを誰が、どこで使いたがっているのかを想像してみれば、レーン・チェンジのチャンスが見えてきます。

例えば若い女性なら、ランチの後の洗面所が主な使用場面でしょう。そのとき彼女たちは他になにをしていますか？　口紅を塗り直したり、ファンデーションを直したり、と「化粧直し行動」をしています。つまり、女性用の携帯電動歯ブラシは実は、「衛生用品市場」ではなく、「化粧直し市場」の中にいるのです。

それならば、従来の衛生用品然としたデザインではなく、化粧ポーチに入れて違和感のない口紅やマスカラのようなデザインにしてみる、という作戦がありえます。それが「レーン・チェンジ」なのです。

「レーン・チェンジ」で重要なのは、その乗り換え先のレーンが**「ほどほどに馴染みがある」**ということです。全く新規なデザインであるよりも、見慣れたもの、例えば「口紅に似ている」ことが大事なのです。

もう一つ、重要なのは乗り換え先のレーンが「今、人気があって、たくさんの人がそこを使っている」ということです。人気のない、沈滞したレーンに移っても新しい出会いは期待できません。

ハイボールは一種のレーン・チェンジだった!?

みなさんもよく知っている「レーン・チェンジ」の例を探してみました。ウイスキー業界が仕掛けた「ハイボール」戦略です。

ウイスキーは輸入・国産を問わず、１９８０年代なかばから長期低落傾向にありました。ボトルキープ、スナックのはしご酒、といった昭和世代が馴染んだ光景が、新しい世代にとって違和感が出てきてしまったことで、ウイスキー行動（店や家でウイスキーを選択し、主に水割りで飲む行動）が停滞してしまったのです。

同時に、女性が外でも家庭内でも飲酒をすることが普通になり、食中酒市場が急速に拡大していきました。だから今日、ウイスキーの飲用量を大きく復活させるためには「食中酒化」すること、つまり「食中酒」行動の中に移行させるしかありません。

もちろんウイスキーを食中酒にしよう、というチャレンジは過去にもいろいろトライされていますが、ハイボールほど普及・定着した「食中酒」行動はなかったと思います。そのとき、ウイスキーが発見したのが実は「生ビールや酎ハイ」という〝隣のレーン〟だったのです。

よく、ウイスキーをそのままの形態でいきなり「食中酒」へ移行しよう、としてしまいがちですが、これはレーンを端から端にチェンジするようなものです。ワインに対抗して、生ガキにシングルモルトをたらすとか、ワイングラスに注いで香りを楽しませる、といった提案はウイスキーに馴染みのない人にとっては、かなり距離感のあるものです。しかも、そうした飲み方では量が出にくいのです。

「ハイボール」という飲み方は最近生まれたものだと思っている若い世代もいるようですが、実は100年以上前からある飲み方です。ただ、最近の「ハイボール」戦略で提案された飲み方は、バーテンダーのいる昔ながらのバーで飲むカクテルのハイボールとは大きく違います。

取っ手のついた大きなジョッキで、乾杯しながら豪快に、ごくごく飲む。この飲み方は実はウイスキーとしては、かつてない新しい楽しみ方でした。でも、それは生ビールや酎ハイで経験済みの「馴染みの飲み方」です。だから、新しい行動がここまですんなりと受容され、定着したのだと思います。

このように、ほどほどに「馴染み」があるが、どこか「新しい」、という絶妙な距離感（レーン）を狙うのが「レーン・チェンジ」の成功のポイントです。具体的には、「馴染みのある、すでに近場に存在しているモチーフ」を活用する、ということです。そういう観点で探してみれば、世の中にはたくさんの「うまく活用できそうなモチーフ」が存在しています。

▼▼▼お盆にも帰省行動を促す「レーン・チェンジ」は!?

例えば、「お盆」を「お正月」側にレーン・チェンジしてみるとしたら、どうすればいいでしょうか。

どういうこと？　と思われたかもしれませんが、これは「お盆」という伝統行事を「お正月」の中にあるモチーフを活用して、もう一度活性化する作戦を考えてみるという、ちょっとした頭の体操です。

「お盆」と「お正月」はもともと対になって大事にされてきた「親族一同が実家（本家）に集まる日」なのに、今では「お正月」だけが残って、「お盆」はかなり希薄化しています。お盆とお正月の共通点は、普段顔を合わせない親族がこのときだけは久しぶりに顔を合わせるというところです。では、お正月に一番嬉しいのは誰でしょう。もちろん、子どもです。それはたくさんの親戚たちからお年玉をもらえるからです。**この「お年玉」が、お正月の圧倒的な「競争力」であり、お盆に欠けていた〝キラーコンテンツ〟なのです。**

だから、お盆をお正月並みに活性化するためには、「お年玉」のような子どもが待ち遠しいと思うモチーフを実装させるしかありません。これは株式会社マルアイという山梨に本社のある会社が最近（２０１０年）仕掛けた実際の事例です。マルアイは祝儀袋や封筒などをつくっている文具・紙製品の会社ですが、お盆に帰省した子どもたちに祖父母や親

図4-3 お盆玉　写真提供：株式会社マルアイ

戚がお小遣いを渡すためのポチ袋を「お盆玉」という名前で発売したのです（前ページ写真）。今までもお盆にお小遣いを渡すことはときどきあったと思いますが、「お盆玉」を渡す、という「行動」がこれによって一気に顕在化しました。その後、「お盆玉」習慣は全国に拡大しています。

遠く離れたところに実家（本家）がある家族にとって、年2回の大移動はけっこうな負担です。お盆の渋滞を考えると気乗りがしない、お正月だけでいいか、となってお盆が弱体化していたのです。でも、今は子どもたちが「お盆玉」を楽しみにしています。祖父母も孫たちが夏にも帰ってきてくれるなら、こんな嬉しいことはありません。

「お盆玉」は、「お年玉」というお正月の最も魅力あるモチーフを使って「お盆」を「お正月」側にレーン・チェンジさせた、とても興味深い事例です。単に「お盆玉」行動をつくり出しただけでなく、それによって停滞していた**「お盆にも郷里に帰る」という帰省行動の再活性化**につながっているのです。

「土用の丑の日」も、「レーン・チェンジ」で生まれた!?

「元祖レーン・チェンジ」と言える事例をご紹介しましょう。夏、「土用」が近づくとあちこちで「鰻《うなぎ》」のポスターやのぼりが目につくようになります。それで思わず鰻を食べたくなってしまうわけですが、日本人が夏に鰻を食べるようになったのは実は江戸時代中期と言われています。その前から夏の土用には「う」のつくものを食べるという習慣があり、瓜《うり》や梅干《うめぼ》しなどが食されていました。養生にいいからです。また別に「土用しじみ」といって、夏バテ対策として栄養のあるしじみを土用に食べる習慣も存在していたそうです。

一方、鰻は脂が乗っておいしい冬が旬の食べ物で、夏には人気がなかったのだそうです。困った鰻屋さんが頼んだのが、あの平賀源内《ひらがげんない》。〝土用の丑の日には「う」のつく食べ物を食べるといい〟という風習を活用して「う」のつく鰻を土用の日に食べる、という提案を仕掛けた、と伝えられています。

もしかすると、長細い「瓜」とか、海中の泥の中に住む「しじみ」を食するという**「近い行動」**がすでにあったから、長細くて海中の泥に住む鰻が「土用の食べ物」として大きな違和感なく、冬から夏に「レーン・チェンジ」できたのではないでしょうか。しじみは体にはいいけれど「う」がつかず、瓜は「う」はつくが栄養は足りない。そこに登場した〝「う」がついて栄養たっぷりの鰻〟は、当時の生活者にとって意外に受け入れやすい提案だったのかもしれません。

最近では「春土用」といって夏以外でも鰻を売り出す企業が出てきました（実は土用は年に4回、回ってくるのです）。逆に鰻の稚魚の漁獲量が減少していることから、鰻の代わりに「土用の卵」といって栄養価の高い卵を夏に食べようという提案をしている企業も出てきました。このように、一度、ある行動が近似した別の行動にレーン・チェンジすると、そこからはさらにその行動を他の時期や他の商品にレーン・チェンジさせていくことが容易になっていきます。行事のように、長年に渡って継承された習慣は非常に強力ですが、一度動かすことができると、そこからはどんどん習慣が可変的な、柔らかいものに変わっていくのです。

このプロセスには**「周期化」**というメカニズムが働いています。

▼▼▼自然の〝周期〟性を活用する

現代人は時間を概念的に捉えることができますが、古代の人にとっては目に見える太陽や星、月の運行周期が時間そのものでした。その周期は地球の自転の感覚や月の引力の感覚（現代人はほとんど知覚できませんが）として体に（ホルモンバランスの変化など）影響を与えています。つまり**人は本来、自然の周期の中を生きている生物**なのです。

特に農耕生活にとっては、この周期は非常に重要な意味を持ちます。農耕中心の暦から生まれた「二十四節気《にじゅうしせっき》」は、昔ほどではありませんが今でも日本人の生活文化の節目として役に立っています。年に4回来る土用も、「二十四節気」に関係する一つの節目です。

このように「周期」は人間の生活の基軸であり、馴染みと安心感をもたらしてくれます。それが新規の習慣を採用するリスクを下げているのでしょう。そして一度「周期化」された行動は、その周期とともに自然に反復されるようになります。

年に一回、同じサイクルで巡ってくる「記念日」は、まさに「周期性を活用した行動デザイン」です。すでにさまざまな「記念日」マーケティングが実施されていますが、それは裏返せば、我々人間がいかに「年一回の周期（サイクル）」に支配されやすいか、という実態を示しているのです。「年に一回くらいなら、やってもいいか」というハードルの低さも、「行動ブレーキ」の解除に作用していると思われます。

そうして毎年、「年に一度だから」と言っているうちに知らず知らず、その行動は習慣化し、社会に浸透していくのです。春夏秋冬というサイクルも、四季のある日本ならではの「周期」感覚です。これが「春土用の鰻」提案が成立する理由です。

毎月、毎週、毎日、というサイクルも誰にでも確実に訪れる周期ですから、そこに行動習慣を埋め込むことで継続が期待できます。「毎月29日は肉の日」「金曜日は◯◯の日」など枚挙に暇がありません。

〝**毎日化**〟させようと思ったら、「朝」「昼」「午後」「真夜中」といった**一日の中の周期**を活用するのが有効です。特に「朝」は一日の始まりなので意識が高まります。「朝シャン」「朝活」など、朝に行動を組み込んで習慣化に成功した事例もたくさんあります。

行動を「フレーミング」してみよう

なぜ、こうした「周期」が人の行動喚起に有効なのでしょうか。それは心理学的な知見で、ある程度、説明が可能です。

心理学や言語学の中で「フレーム理論」というものが提唱されています。アメリカでは「人工知能（ＡＩ）の父」と呼ばれるマーヴィン・ミンスキーという科学者（２０１６年1月逝去）が、ＡＩ研究の中で「人がこの世界をどう認識するか」という認知理論を体系化しています。**人間がある物事を把握し、記憶するためには脳が覚えやすい枠組み（フレーム）が必要だ**、という理論です（この枠組みは「スキーマ」と呼ばれることもあります）。

「年」「月」「日」、あるいは「朝昼晩」といった時間の意識は、人が物事を把握するための認識フレームの一つです。このような時間軸のフレームを共有できなければ、社会生活は成立しません。つまりフレームというのは記憶も含む認知活動を支えるプラットフォームのようなものなのです。

人は自分が持っている既存のフレームを手掛かりに、新しい対象や状況を解釈し、理解していきます。例えば、私たちが猫に出会ったときに「猫」という認識ができるのは、過去に「猫」に関して自分が持っている知識や経験をフレーム化できているからです。

「猫」という認識フレームの上に、人は三毛猫、黒猫、シャム猫といった色や形（属性）の体験を重ねていきます。さらに「猫は眠そう」、「猫は化ける」、「猫は自分勝手」、といった猫の「性質（イメージ）」がフレーム化されていきます。こうして物事を理解し記憶する構造を「フレーム」と呼んでいるのです。

実はフレームは文化や時代によって違いが出てきます。育った環境や生活が変われば、構成されるフレームも変わっていきます。他者とのコミュニケーションが難しいのは、同じ

「猫」という言葉で話していても、相手の人が持っているフレームが微妙に違うからなのです。周期的な時間のフレームが有効なのは、そのサイクルが誰にでも、同じように訪れるからだと思います。

▼▼▼自然に行動を促すフレーム

このような認識の「フレーム」をうまく活用すれば、新しい行動でも抵抗感なく生活の中に定着させられるのではないか、というのが私たちの考えです。つまり**「行動をフレーミングする」**という発想です。

「冬になったら、冬タイヤに交換しよう」という提案は、実に上手に「行動をフレーミング」した事例だと思います。脳の中にフレーム化されている「夏服、冬服への衣替え」という体験的な記憶を活用して、自然にタイヤ交換行動を促しています（ちなみに、〝モノ〟として捉えると本来の正式名称は「スタッドレスタイヤ」ですが、それでは人を動かす力は弱いですよね。「冬タイヤ」という名前には冬になったら履き替えるという〝行動〟が内包されています。まさに「行動発想のネーミング」だと思います）。

「フレーム理論」は人が世界をどう把握し、どう記憶を整理して「知っている」「理解する」「思い出す」といった認知的な操作を行っているか、に関する一つの仮説です。脳の中でどのように情報が処理され、意識や記憶が生まれているか、本当のところはまだほとんど、解明されていないのです。

▼▼▼ 空間や色彩の認識フレームを活用する

ただ、脳の中でも霊長類（特に人類）特有の大脳新皮質（一種のメモリー装置）に記憶を送り込む上で「海馬」とか「扁桃体」と呼ばれる部位が重要な役割を果たしていること、それらの部位が「動物の脳」と呼ばれる古い脳（大脳辺縁系）の中にあることが最近の脳科学研究でわかってきました。

ということは**「フレーム」（あるいは「スキーマ」）という認知や記憶の枠組みには、人間の祖先がまだ動物だったころの身体的な感覚、生理が強く影響しているる**と考えたほうが自然です。

例えば、私たちはよく「腹落ちする」「飲み込みにくい」「気持ち悪い」といった生理的な喩えで、概念的な事象を捉えることがあります。またフレームの一つである「数」「上下」といった基本的な認識が、実は手足の指とか、頭から足へ、という重力軸の感覚といった身体的なものに由来していることも知られています。

ということは、「周期」（時間認識）以外でも、「上下」「左右」（空間認識）、あるいは「白黒」「紅白」（色彩認識）などのフレームをうまく活用すれば、それは人間の奥深い生理に作用し、結果的に習慣行動を形成しやすいのではないでしょうか。「東西対決」という建てつけをよく目にしますが、これも空間認識を使って行動をフレーミングしている事例と言えると思います。先に紹介した「レーン・チェンジ」法も、「お正月＝お年玉」「生ビール＝ジョッキ」といった既存の認識フレームをうまく活用したアプローチとも言えそうです。

第5章

行動を喚起する「行動チャンス」を日常から見つけよう

ここまでの説明で、行動を喚起するためには
周到な行動デザインが必要なことは
おわかりいただけたと思います。
では、実際にどう考えていけばいいのでしょうか。
この章では、新しい行動を喚起するための
“突破口”となるような状況、
つまり「行動チャンス」を発見するための
アプローチを解説します。

意識は目に見えないが、行動は見える

例えば、「あなたはエコロジーに気をつけているほうですか？」という質問調査をしたとしましょう。おそらく2割くらいが「非常にYES」、5割くらいが「ややYES」、計7割の人が「エコに気をつけている」という結果になるのではないでしょうか？（もしかしたらもっと高く出るかもしれません）

次に「具体的にどんな行動をしていますか？」と選択肢を提示すると、おそらく「ペットボトルを捨てるときにフィルムやキャップを分別する」「エコカーに乗る」「エコバッグを持ち歩く（スーパーでビニール袋をもらわない）」などの項目に高く○がつくはずです。

ここでちょっとタイムマシンに乗ったつもりで四半世紀前に戻ってみましょう。エコバッグはまだ珍しい存在でした。ペットボトルはそのまま捨てていました。ハイブリッド車などのエコカーもまだ普及していません。その時代でも「エコ意識」はおそらく、そこそこはあったと思います。しかし、それを**行動化する手段が圧倒的に不足していた**のです。

エコ社会を実現するにはエコ意識の普及とエコ行動の拡大の両方が必要です。しかし、エコ行動の手段が手元になければ、いくらエコ意識を上げても行動には至らない、つまり結果が出ない、ということなのです。

極論すればエコ意識が低くても、エコカーに乗り、ペットボトルを分別してくれればそれ

でいいのです。手元にそういうエコ行動を起こす手段が潤沢にあり、むしろエコじゃない行動をするほうがハードルが高い、という状況を実現できれば、エコ行動は拡大します。エコカー減税などはその最たる例です。エコ行動を続けているうちに、エコ意識も少しずつ追いついてくるかもしれません。

▼▼▼行動しやすい環境を整備する

第3章で「意識と行動のギャップ」に触れました。

せっかく意識が高いのに、それを行動化させていないのは、とてももったいない機会損失だと考えてもいいのではないでしょうか。

とはいえ、行動を喚起させるのは簡単ではありません。だから意識を高くすることより、**「実際に行動しやすい／したくなる環境」を整備してまず行動を誘発させる**ことに力を注ぐべきだ、というのが行動デザインの基本思想です。

子どもたちは宿題を「今、やろうと思っていたとこなのに」と言いながら、やっていません。口では「痩せなきゃ」と言いながら、甘いものをぱくぱく食べている人もいます。「旅行に行きたいな〜」と思っていても、まだ行っていない人はかなり多いはずです。

そのとき「意識がありながら行動していない本人がダメだ」と考えず、「その人が行動しやすいようにサポートする手だてを用意していないほうが悪い」と考えるべきなのです。一応、「その気」だけはあるのですから。

▼▼▼「氷山の一角」は、見えているほうが真実!?

行動で考える利点は、行動は客観的に目に見える（だから計量できる）、というところです。意識は目で見えません。意識調査で聞くわけですが、実は本人も本当のところ、どうなのかはよくわかっていないことがあります。質問されて初めて、「ああ、そうだった、そういうことは大事だよね」、と気づいて回答している場合が多いのです。

氷山の一角、という例えがありますね（下図）。水面上に見えているのが行動です。水面下が意識です。我々は長い間、人の見えない意識を探ることに腐心してきたような気がしますが、結果（人が動くこと）から考えれば、大事なのは見えている行動のほうです。そして水面下の意識はかなりの部分、潜在的で自覚できていない「無意識」です。

そうした「無意識」を質問形式の調査であぶり出すのは非常に難しいのです。むしろ、**手掛かりとなる「行動」の事実から、その人がなぜその行動をしたのか、という無意識を探っていくほうが確実なアプローチ**ではないでしょうか。

図5-1 氷山の一角

行動デザインのプランニングでも、最後は「目に見えない生活者の心の内面（インサイト）」の洞察力が求められます。それを、あえて「行動」の観察・計測からスタートするのが、行動デザインのユニークネスなのです。

生活日記調査から見えてくる「行動スイッチ」

私たちと同じような問題意識を持って生活者研究をしている方がいます。株式会社東京辻中経営研究所の辻中俊樹先生です。辻中先生が30年以上も続けている調査手法が「生活日記調査」というものです。仲間の櫻井光行先生と共著で出した『マーケティングの嘘』（新潮新書）という本にその詳細が書かれていますので、興味のある方はそちらを参照ください。ここでは簡単に、生活日記調査のアウトラインをご紹介しておきます。

「目に見えない生活者の心の内面（インサイト）」を発見するために、マーケターが行う初動は、だいたい「生活者調査」です。調査に頼らず、マーケター自身の経験や直感で仮説を立てても構わないのですが、会社組織の中でその仮説を信用してもらうためには、客観的な調査結果（データ）があったほうがいいからです。

普通、調査というと統計的な信頼性を確保するために大人数を対象にする「定量調査」が一般的です。この他にフォーカス・グループインタビューなどの、少人数を対象にした「定性調査」というのもあります。定量調査、定性調査、それぞれ一長一短あるのですが、この「生活日記調査」はちょうどその〝中間的〟な性質の調査です。

一回の調査でだいたい40人くらいの協力者（調査対象）を確保し、全員に一週間分の「日記」をつけてもらうのです（記入欄の様式は調査の目的によって多少、変わります）。

▼▼▼日記には商品に関係しない行動・気分・体調なども書く

コーヒーの調査であれば、朝起きてから寝るまでの間に、なにを食べたり飲んだりしたか、そこでコーヒーがいつ、どういう形で（缶コーヒーか、ドリップかなど）登場したか、をつぶさに記録してもらいます。さらにそのときにどんな行動（外出、通勤、ショッピング、友人と会う、など）をしていたのか、そのときの気分・体調などもつけます。それを後で男女別、年齢別などで傾向を見ていくのです。

同様にスキンケアの調査であれば、朝から夜までどんな化粧行動をしたか、同時に外出などの他の行動や、肌の状態や肌の悩みを感じた瞬間、そのときの感想などを書いてもらいます。そうした状況を説明する写真も撮って添付してもらうこともあります。

一週間分の日記はかなりの情報量です。だいたい夜に一日分をまとめて書く人が多いようですが、辻中先生によれば正確性はかなり高いということです。なぜなら、人は一週間も「嘘」を書き続けることはできないからです。

調査は通常、特定の商品カテゴリーを対象にしますから、日記の中でその商品が登場する部分がハイライトとなります。そこをタイムライン（時間の流れ）に添って追いかけていくと、**「水面上に見えている行動」と、「水面下の意識」が具体的な「商品」を接点にしてリンクしている**、という構造が見えてきます。

例えば、早朝からヘビーな会議があり、それが終了した10時すぎにちょっとひと息いれたい、という意識と、コーヒーブレイクという行動の接点に「しっかり甘みのあるコーヒー」という「商品」がリンクしています。

子どもの試合の観戦で一日中、野外スタジアムの観客席に座っていた母親はずっと、その日の朝のＵＶケアが不十分だったことを後悔しています。そうすると、その夜の風呂上がりの「スキンケア行動」に、「美白ケア力の高い美容液」という「商品」がリンクしてくるのです。

▼▼日記から「行動スイッチ」が見えてくる

この構造を、「ある商品や行動が想起される瞬間」という見立てで捉えたのが**「行動スイッチ」**という考え方です。

「疲れた」「失敗した」「嬉しかった」「不安だ」……といったさまざまな感情があるレベルまで高まった瞬間に、ある商品に気持ちが向かい、行動のスイッチが入るのです。もちろん感情だけではなく、ノドの渇きを癒したいといった生理や、その状態をなんとかリカバリーしなくては、というケア意識も行動スイッチをONにします。

電車を待っているときとか、なんとなく手持ち無沙汰を感じたときには、思わずスマホを見てしまうという人は多いと思います。気づいたら、ある行動をとっていたというときには、実は無意識下で行動スイッチが入っていたのです。

シニアの方が疲れたときにちょうどいい腰掛けを見ると、思わず腰を下ろしたくなってしまう、喫茶店を見かけるとつい入ってひと休みしたくなる、というのは典型的な**「シニア行動スイッチ」**です。

「行動スイッチ」の先にある「行動チャンス」を発見しよう

日記の記述を数人分まとめて読んでいくと、一日の中で何回か行動スイッチが入り、それがきっかけとなって一つの生活場面（シーン）が転換していくサイクルが見えてきます。

「生活場面（シーン）ごとになんらかの意識の湧出《ゆうしゅつ》があり」、「それが行動スイッチとなってある商品行動が実行され」、「その行動を通じてその場面が充足する（自分にとって少しでも居心地のいい、意味のある場面に再編集される）」、というサイクルです。そのサイクルの繰り返しで、一日が終わっていきます。

コーヒーの例で言えば、日本人はコーヒーが大好きなので、一日に何回もコーヒーの登場するシーンが存在しています。コーヒーは身近ないろんな場所ですぐに手に入れる（＝充足する）ことができますが、商品によってはいつでも充足できるとは限らないものも存在します。女性のスキンケア行動がその一例です。

女性は朝出かける前にメイクをして、普通はそれを夜の入浴タイムまで落とすことはありません。日中、簡単なメイク直しはできても、メイクを落としての下地ケアは困難です。外で寒い風にあたったり、窓際で強い日差しを浴びたりしたときに「今、この瞬間にケアしたい！」という行動スイッチが入りますが、そこで行動が実行できないのです。その「未充足な状況」こそが、新しい行動を喚起する**「行動チャンス」**です。

▼▼▼未充足な状況が、行動させるチャンス

「○○なのに（○○したいのに、今それができなくて）△△だ」という状況は、だいたい行動チャンスになります。「疲れていて座りたいのに、ちょうどいい腰掛けがない」というような状況です。

同じ生活場面（シーン）の中で、複数の「行動スイッチ」が入りながらそれが満たされない（手頃な商品がない、それを使える状況にない、など）ときは、大きな行動チャンスです。「行動スイッチ」のついたケーブルが太い束になっていながら、その先がブツッと切れている、そんな状態をイメージしてみてください。

「子どもと遊びたいけど、なにして遊んだらいいかわからない」というお父さんは多いと思います。特に連休や夏休みは、子どもが目の前にいて、行動スイッチが入りやすくなります。多くのお父さんに共通のその強い「未充足」感が、狙うべき「行動チャンス」です。お父さんと一緒に子どもがスタンプを集めて回る、夏休みのスタンプラリー・イベントはその「行動チャンス」を狙った企画です。

オフィスで働く多くの女性が「エアコン乾燥」を気にしています。潤うスキンケアをしたい！　という行動スイッチが入る瞬間ですが、そのとき、なにをすればいいのでしょうか。その行動チャンスを捉えたのが「アロマディフューザーつきの卓上加湿器」です。筆者の会社でも、女性社員のデスクの上にかわいい加湿器が乗っています。

▼▼▼「行動チャンス」は、新しい潜在ニーズの探し方

こう説明してくると、読者の中には「行動スイッチと行動チャンスって、〝潜在ニーズを捉える〟、という昔からある話をただ言い換えているだけじゃないか？」と思われる方もいるかもしれません。たしかに未充足な状況、という点では潜在ニーズと同じようなものではあるのですが、大きな違いはその〝潜在ニーズ〟の探し方にあります。

よくある〝潜在ニーズ〟の探し方は、既存の商品（モノ）をいろいろ吟味して、そこに足りない要素を探していく、という問題解決型のアプローチです。例えば「この芝刈り機がもっと軽かったら」とか、「このランドセルの色がもっとカラフルだったら」……といったア

イデア探索法です。

あるいは、アメリカでコンブチャ（昆布茶ではありません。発酵飲料です）が流行っているから日本でも流行るんじゃないか？　といった発想で、商品が未充足な状況を「潜在ニーズ」として考えるというアプローチも同様です。よく例に出る、「裸足で生活している土地の人を見て、革靴に〝潜在ニーズ〟があると考える」的な発想法です。

もちろん、そこから大ヒットが出ることもあります。しかし、売り出してみたら意外とそこにニーズはなかったというケースも少なくありません。事前調査で「そういうのがあったら便利だと思います」と多くの人が答えたとしても、本当にそれを使わないわけにいかないほど切羽詰まった状況は、実はそう多くはないのです。第一、そこまで切実であれば、それはもはや潜在ニーズではなく顕在化したニーズです。誰かがとっくに商品化して問題解決しているはずです。

だから、そのニーズの「探し方」が重要なのです。私たち研究所が提案している「行動チャンス」は、そうした「モノの改善アイデア」ではありません。生活場面の中に実在する「行動スイッチ」の観察から、それが大きく未充足な状況を「行動チャンス」としてとり出していく作業です。そこで捉えられた未充足はリアルで、より確度が高い欲求なのです。

日常生活の観察から「行動チャンス」が見えてくる

現代の生活は、ほとんどすべての瞬間が「なんらかの市販の商品を使う行動」です。一日、一年、という時間はその商品行動の累積で構成されています。その時間の大半は、個々の商品行動に関して全く無意識ですが、ときどき、ある瞬間にその商品行動に気持ちが向かう「行動スイッチ」が入ります。

一日の中にも無数の「行動スイッチ」があり、その中には「ある気温を超えると氷菓を食べたくなる」「ある気温以下になると鍋ものにしたくなる」といったすでによく知られているものもあれば、今まで見落としていた新しい発見もあります。気温はわかりやすい行動スイッチです。

遅い時間まで忙しく働いている女性からは「自分にご褒美」というフレーズがよく出てきますよね。心身ともに〝いっぱい、いっぱい〟という状態で仕事が終わり、自宅に帰る途中にコンビニエンスストアに立ち寄る、という生活場面でしばしば登場するフレーズです。

ここで喚起されることが多いのが「よく頑張った自分に」スイーツを買う、という商品行動です。この瞬間、「ご褒美スイッチ」が作動しています。そして**「ご褒美スイーツ行動」**によって、夜遅くの帰宅という少しネガティブな生活場面が、「明日も頑張ろう」と思えるポジティブな充足状況に再編集されているのです。

多くの企業がそこを「行動チャンス」としてスイーツ商品を続々と投入してきたことで、「ご褒美スイーツ行動」が社会一般に定着しました。今やバレンタインデーさえも、女性が自分へのご褒美として「本命チョコ」を買う日になってきています（ちなみに、この日に自分で自分にチョコを買う甘党の男性も増えているそうです）。男性にチョコを贈る日から、自分がチョコを食べる日へ。このちょっとした変化も、新たな「行動チャンス」になるはずです。

▼▼▼冷蔵庫の使い方からも行動チャンスが見つかる

もう一つだけ、「行動チャンス」の例をあげてみましょう。

筆者が昔、お手伝いした日立製作所（当時）の「野菜中心蔵」という冷蔵庫があります。冷蔵庫は家族で使うものですが、やはり一番使用頻度が高いのは料理をする主婦です。その主婦の冷蔵庫使用行動を開発者の方がビデオで撮影した映像を見せていただいたことがあります。そのときの発見が「野菜の出し入れに、主婦は意外に苦労している」という事実だったのです。

当時の冷蔵庫の主流は3ドアタイプでした。ただ、今と違うのは冷気を上から下に落としていく構造だったので、上から順に冷凍室、冷蔵室、野菜室というレイアウトだったのです。野菜室は床に近いところにあり、片ひざをついてキャベツや白菜など大物野菜の出し入れをしている姿がVTRに映っていました。

さらにその映像から各室の扉の開閉回数をカウントすると、なんと野菜室の開閉回数が一番多かったのです。主婦は家族に野菜を食べさせたくて野菜を買い込み、料理をつくります。一番利用したい野菜室が、本当はキッチンの高さ（＝ほぼ主婦の肘の高さ）に近いところにあるのが理想型ですが、そうはなっていなかったのです。

「野菜を使いたいのに、使いにくい」のような、**「本当はもっと○○したいと思っているのに、現状は△△である」、という状況が、「行動チャンス」です。**

「野菜中心蔵」が発明した解決策は「真ん中野菜室レイアウト」でした。その後、お弁当に冷凍食品を多用する時代が来て、重くて冷たい冷凍食品を一番使いやすい中段にレイアウトするタイプが主流になっていきましたが、当時は野菜室を中段にした冷蔵庫は画期的で、一世を風靡《ふうび》する大ヒットとなったのです。

当時の野菜室は深さがあったので、奥にしまいこんだ野菜を掘り出して探すシーンもよくありました。腰をかがめて野菜を探す、あるいは重い白菜を出し入れする、といった「ときどき、いらっとする瞬間」が、真ん中野菜室タイ

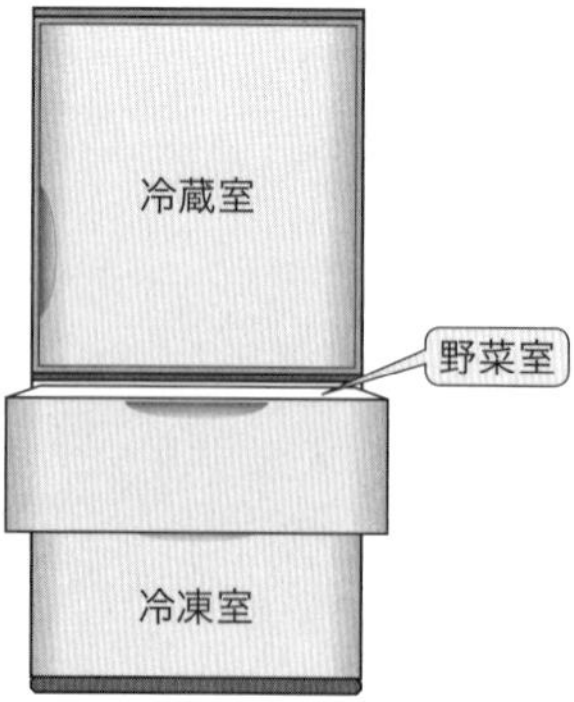

図5-2 真ん中が野菜室レイアウトの冷蔵庫

プの冷蔵庫を選択させる「行動スイッチ」ということになります。

最近、収納場所をとらない「ミニ白菜」という野菜がつくられていますが、大きな白菜を出し入れするときのイライラは「ミニ白菜」にとっての「行動チャンス」です。それはときには「面倒だから野菜を使うのをやめて肉だけにしよう」とか「出来合いの総菜を買おう」といった、違う行動を喚起する行動チャンスにもなりえます。

このように**生活場面を深掘りして、その中に今まで気づかなかった「行動チャンス」を探していくのが、行動デザインの第一歩です。**「生活日記調査」法のメリットは、生活場面と商品行動の関係性を一覧的に把握できるので、行動スイッチや行動チャンスが見つかりやすい、というところにあります。

360度の行動観察から、行動チャンスを発見する

生活の中に潜む「行動チャンス」をつかみ出すためには、生活日記調査以外にもいろいろな方法があります。冷蔵庫の例のようにビデオカメラで行動観察をする、とかターゲットの後ろをこっそりついて歩く（ストーカーと間違われないように注意が必要です）、自宅に上がり込んでインタビューする、などです。

そうした調査に頼らなくても、ある程度マーケティング経験のあるメンバーが4～5人集まってそれぞれの体験や記憶を持ち寄れば、ある程度の精度で一日の商品行動を網羅できるものです。これなら時間も費用もそれほどかからないので、おすすめです。

ただし、ここで注意しなくてはならないのは、普通は「対象となる商品を使う場面」だけを考えて終わりにしてしまいがちですが、それだけではじゅうぶんでない、ということです。

生活者はその商品だけ使って暮らしているわけではありません。一日の中でいろんなシーンがあり、その商品以外を使っている時間のほうが圧倒的に長いのです。しかも、同じシーンの中で同時に複数の商品カテゴリーが登場します。第1章でも触れましたが、モノで捉えれば全く違うカテゴリーに属していても、同じ欲求を満たすことで代替や組み合わせが可能な商品があるのです。

▼▼▼スムージーと目覚まし時計が競合になる理由

例えば、朝の起床時のシーンで行動チャンスを考えてみたとしましょう。朝、どう気持ちよく目覚めるか、というのが生活者の欲求です。そのとき、なかなか目覚めが快適ではない、という未充足状況があれば、これは大きな行動チャンスです。飲料会社だと、例えばそこにスムージー商品を投入できないか？　などと考えるわけですが、飲料だけが目覚めスイッチではありません。

朝、起き抜けに体にやさしい飲み物を少量、口に入れる。これは典型的な目覚めスイッチですが、他にも遮光カーテンを開け、窓を開けて外気を入れる、ベッドの上で腕を伸ばす、などいろんな行動が観察されるでしょう。

そのとき、例えばブルーライトを発生させる目覚まし時計があったらどうでしょうか。ブルーライトはＰＣ画面などからも出る波長の短い光線で、目に良くないと言われていますが、これは実は朝の光に含まれる波長です。人の体はこの光に感応して目が覚めるようにできているのです（だから、夜、寝る前にＰＣやスマホを見ていると、安眠できなくなってしまうのです）。

安眠のための遮光カーテンが、逆に朝の自然な目覚めを阻害している可能性があります。ブルーライト発生器つきの目覚まし時計は、「朝の快適な目覚め市場」を代替し合う、スムージーの強力な競合になりえるかもしれません。

生活行動は、このようにモノ単体ではなく一つのシーンにおける商品行動として俯瞰的に見ていくことが重要です。

▼▼▼「どう持つか」「どう捨てるか」の観察も重要

もう一つの注意点は、**対象商品の使用シーンだけを見ていては、新しい着眼点が見つかりにくい**、ということです。それをどう買っているか、どう運んでいるか、どう保管しているか、という行動の中にも今まで気づかなかった行動スイッチや、その未充足状況である行動チャンスが潜んでいる可能性があります。

昨今、雑誌が苦戦しています。ネット（スマホ）行動という強敵が現れたからなのですが、そのときに、コンテンツ（編集内容）でどう対抗するかという〝モノ発想〟ではなく、雑誌を「どう運んでいるか」、という〝行動発想〟で考えてみると、どうなるでしょうか。女性の小ぶりのバッグにも入るように「雑誌の判型（サイズ）を小さくする」というアイデアが出てきますよね。

実際、最近は雑誌をそのまま7〜8割大に縮刷した「ミニサイズ」版を発行する出版社が現れています。老眼と無縁の若い方には便利なアイデアだと思います。サイズは行動デザイン的には非常に重要なファクターなのです。

洗剤やシャンプーなどでは、使い終わった後の行動、例えば「廃棄する」「詰め替える」「補充する」といった行動の中にも、他社が見落としていた行動チャンスがあるかもしれま

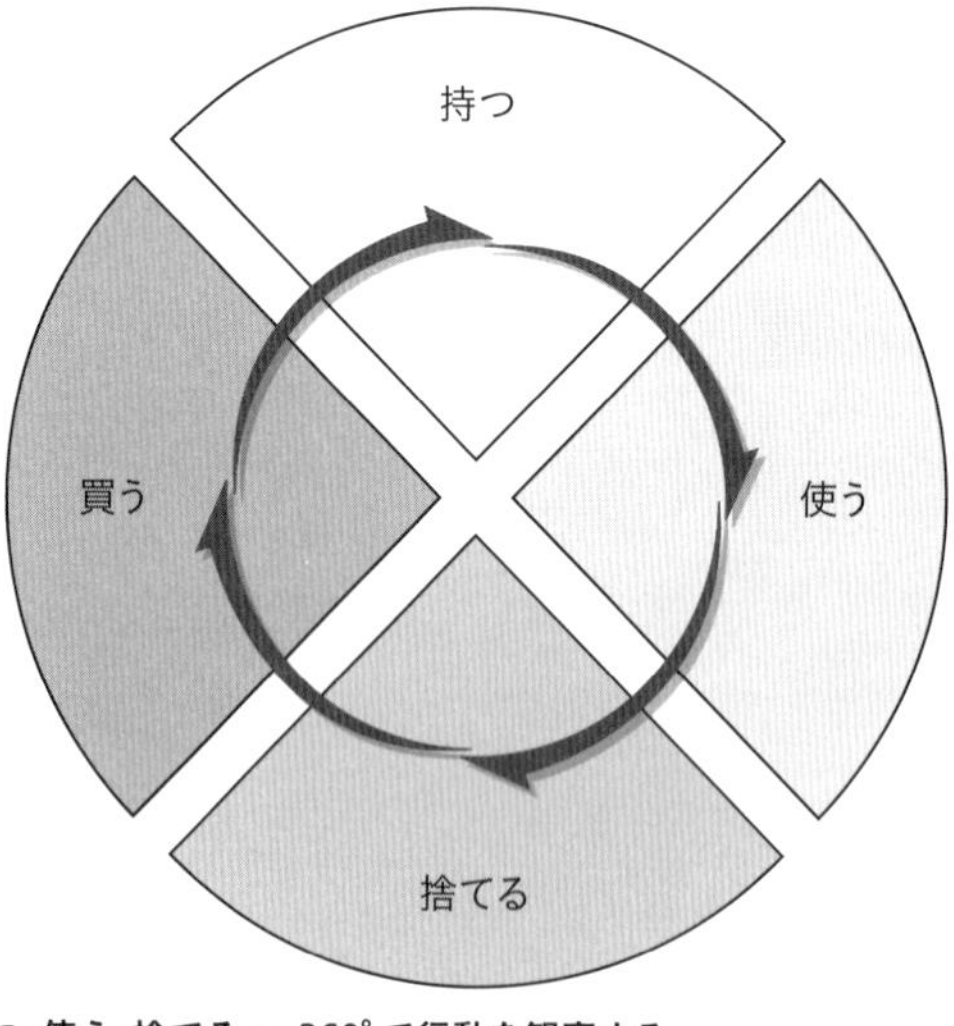

図5-3 買う・持つ・使う・捨てる ＝ 360°で行動を観察する

せん。そう考えると「廃棄のしやすさ」を重視した容器や、ストレスなく詰め替えられる（筆者はよく指にこぼします）詰め替え容器などの開発に、企業が力を入れ始めていることも納得がいきます。

このように**「使う」だけではなく、「買う」「持つ（運ぶ、保管する）」「捨てる」、という一連のサイクルで、つまり３６０度で行動を観察することで、今まで気づいていなかった行動チャンスが見えてくるのです**（前ページ図）。

誰と買うか。どう置くか。その行動理解が重要だ

近年は「ショッパー・マーケティング」という概念が提唱され、購買時点の行動研究が大きく進展しました。「買う」行動については詳しい参考図書もいろいろ出ていますので、本書では詳述を避けますが、一回の買物行動の中でも実に多様な行動スイッチが起動しています。そこにまだまだ未充足の行動チャンスが眠っていることは確かだと思います。

一つだけ「買う」ときの行動チャンスをご紹介します。それは連れが買物しているときに相方が手持ち無沙汰で、所在がなくて困っている、という未充足です。

買い上げ金額は売り場滞在時間に比例する、と言われています。相方を待たせていると連

れも気になってゆっくり買物ができませんから、買い上げ金額が増えません。家でソファーに2人で座って、ネットを見ながらゆっくり買物できるなら、そっちで買ってしまうかもしれません。これはお店にとっても機会損失です。アパレルでEコマース（ネット通販）が増えているのは、単に品揃えや価格だけが理由ではない可能性があります。

最近は通路や広場的な場所に椅子を並べて、連れが買物している間に座って待っていられるようにしているお店が増えていますが、売り場の中に椅子を置いている店はまだそう多くありません。よほどの高級ブランドでない限り、一坪当たり月に何万円もする貴重な売り場面積に、売り物ではない椅子を置くという発想転換が難しいのです。

▼▼▼購買者の「連れ」に注目する

しかし、相方が売り場の中でゆったり椅子に座って、「それ、似合ってるよ」などと連れにアドバイスしてくれたらどうでしょう。嬉しくなってもう一枚、余計に服を買ってしまうかもしれません。特に年配の方は立っているのが辛いので、椅子のない売り場で連れの買物に付き合っている姿はほとんど見られません。これは実は大きな行動チャンスです。

書店は比較的、椅子の導入が早かったように思いますが、書籍はパーソナルな買物で、連れと相談して本を買う人はあまり見かけません。むしろアパレルのように〝連れと相談しながら買いたい商品〟を売るお店こそ、そこにある「行動チャンス」を活用すべきではないか、と家内の買物に付き合うたびにいつも思っています。

旅行も典型的な「連れと相談」商品です。旅行カウンターはだいたいブースごとに２人分の椅子が置いてあります。旅行の場合は「どこに行くか」以上に「誰と行くか」が重要です。

このように買物行動を観察するときは**「なにを買っているか」と同時に、「誰と買っているか」という事実を確認することが重要だ、**ということは覚えておいて損はないと思います。連れの有無やその関係性によって、行く店も、買う商品も、つまり購買行動が変化するからです。

▼▼▼ 行動チャンスで新商品開発

日本の製造業企業はものづくり（中身）にはこだわりますが、それをどう運ぶか、あるいはどう保管するか、という行動に高い関心を持っている企業はまだそれほど多くないように感じています。

例えば、携帯用の電動歯ブラシを化粧ポーチに入れている女性は多いと思いますが、それならもっと化粧品のような容器にして、思わず化粧ポーチに入れたくなるようにするのが効果的でしょう。「どう運ぶか？」という文脈からも、そうしたアイデアが見つかるのです。

では歯ブラシと一緒に使われる歯磨きペーストはどうでしょうか。旅行用の小さいサイズはありますが、化粧品のような容器に入ったペーストは大手の商品では見た記憶がありません。オーラルケア商品にとって、より効果の高い剤であることは非常に重要ですが、持ち運ぶ行動を容器のデザインで促進できれば、市場機会自体を拡大することにつながります。

歯磨きペーストの例で言えば、今日ではスタンディングチューブが一般的ですが、筆者が子どもの頃は横置きチューブしか存在していませんでした。しかし、筆者と同じように多くの人の家の洗面所はあまりスペースに余裕がなく、そこに所狭しと雑貨が並んでいることでしょう。だからチューブを立ててスペース効率を良くするところに、「行動チャンス」があったのです。これが、昔、あるオーラルケア会社が発明した「行動デザイン」です。

この例に限らず、**「どう保管しているか」という場面にはたびたび、不都合（未充足）を感じる瞬間（行動チャンス）が出現します。**生活者にとってはチューブの中身と同じくらい、場合によってはそれ以上に、チューブの外側にある不都合の解消が大テーマなのです。

そう考えてくると、行動デザインが単に「すでに出来上がった商品をどう売り出すか」という局面だけでなく、これからの商品開発にも活用できるアイデアである、ということがおわかりいただけると思います。

高齢化社会は、実は「行動チャンス」の宝庫!?

行動スイッチが起動したのに、その適当な〝受け皿〟がない状況が「行動チャンス」です。

しかし、行動スイッチも、行動チャンスも、常に当人が自覚できているわけではありません。

「なんとなく、そう動いた」「なんとなく、いやになってやらなかった」というレベルの無意識下でスイッチが作動したり、「なんとなく」未充足を感じたりしている、というのが実態です（だから、質問調査ではなく、行動観察が必要なのです）。

この無意識の未充足感、言い換えれば「ミスマッチ」はどこから来るのでしょうか。

よくあるのが生理的変化です。体調が落ちているときなど、いつもなら楽しいと思うことが妙に「なんだか楽しくない」と感じることがありませんか？

生理的変化をもたらす大きな要因に「加齢」があります。若い方はあまり自覚がないと思いますが、50歳をすぎてから急に「体調や体質の変化」を感じる人が増えるのです（女性の場合はホルモンバランスが大きく変化する40代後半で、そうした変化を感じることが多いようです）。人間は生まれた瞬間から同じ速度で「加齢」し続けているわけですが、それを「マイナスの変化」として強く実感するようになるのが50歳前後、なのです。

筆者自身の経験で言うと、以前はとても好きだった「こってり系のラーメン」が、あるときから「なんとなく、前ほど楽しめない」と感じるようになりました。それでも人はなかなか既存の行動を中止できない生き物ですから、しばらくは惰性で食べていたのですが、最近では「あっさり系ラーメン」しか食べられなくなってしまいました。

逆に「大人」になってわかってくる味覚、というのもあります。若い頃は見向きもしなかった青ネギや茄子、銀杏、竹の子などのちょっと苦みやえぐみのある風味が、ある年齢からは「滋味《じみ》」として楽しめるようになりました。味覚も成熟していきます。加齢というのは必ずしも悪いことばかりではありません。

ただ、こうした「加齢による変化」は、なかなか本人が気づかない（認めたくない、という部分もあります）ものです。だから、それまでの習慣を、少し無理してでも継続してしまいがちです。

▼▼▼ミスマッチはどこから生まれるのか？

体を使う現場が中心の職場の社員食堂では、揚げ物などのボリュームがあって味つけも濃いメニューが人気です。あまり体を動かさなくなった年配の社員も、食べ馴れた〝ガッツリ系メニュー〟をつい頼んでしまいます。若い人と同席したときなどは特に、そうでしょう。でも、無意識下では「もっと、あっさりしたものが食べたい……」と思っているのかもしれません。とはいえ、急に〝女子感〟満載の「ヘルシー・ダイエットメニュー」には手が出ないのです。

ここがまさに「行動チャンス」です。若い社員から見ても「先輩らしい食事」としてリスペクトできるボリュームや見た目でありながら、野菜中心でカロリーや塩分を押さえたメニューを提案するチャンスかもしれません。〝いかにも年寄り向けの小食メニュー〟もＮＧです。送り手側は、この見当違いの「思い込み」を早く捨てる必要があります。

例えばキャベツの千切りをたっぷり盛りつけてその横に量を控えたご飯を乗せ、小麦粉を使わないで野菜でコクを出したカレーソースをかけたりすれば、見た目はかなりボリューミーで迫力があります。でも小麦粉が入っていないカレーソースのカロリーは想像以上に低いのです。

「ミスマッチ」状況は加齢などの個人の内的変化だけでなく、社会全体の変化から生まれてくることもあります。

最近は関東でも「豆撒き」をする家庭よりも「恵方巻き」を食べる家庭のほうが多くなっているという調査データ（出典：博報堂生活総合研究所「生活定点」２０１４）がありますが、これも住宅環境や食生活が変化していることが大きいと思います。マンションの共用廊下に豆を撒き散らすことは抵抗があります。豆食習慣も薄れつつあります。そこが「恵方巻き」という新習慣が家庭に入り込む余地、つまり「行動チャンス」だったのです。

▼▼▼ときどき行動習慣が弱る瞬間がある

世代交代は、こうしたミスマッチ状況を加速します。洋服のスタイルはそのわかりやすい例です。

例えばシャツの裾《すそ》をパンツの上に出す、というスタイル。スーツも上着の裾が短めで、タイトな幅のパンツが現在の〝標準〟です。こうした世代交代の中で、前から着てきたファッションに自分で違和感を感じ始める瞬間が「行動チャンス」です。

今までの自分のスタイルがちょっと時代遅れな気がしている。しかし、若い世代の新しいスタイルに洋服全部を入れ替えるのも、ちょっと大変（体型的にも無理がある）。

そうした状況こそ、「世代交代の狭間にいる人たち」をターゲットにした行動デザインの絶好の機会なのです。

長年続けてきた行動習慣は非常に強固な、岩のようなものです。そう簡単に中止することはありません。しかし、世代交代や加齢といったなんらかのタイミングで、その**行動習慣が弱る（ちょっと柔らかくなる）瞬間がある**のです。そこを「突っ込みどころ」にしよう、というのが「行動チャンス」の考え方です。

今後の高齢化社会では、「大人」世代をターゲットにマーケティングしないとビジネス規模を維持できません。彼らは個人の生理的変化、あるいは社会標準の変化の中でさまざまな未充足を感じています。そのミスマッチはますます拡大していくはずです。

一方で体力や運動能力も低下していますから、エネルギーが必要な「新しい行動」を喚起することがなかなか大変な世代でもあります。

そこがまさに「思わず、大人が動いてしまう」行動デザインが求められる状況なのです。

第6章

行動デザインの
つくり方・
6ステップ

いままで個別に行動デザインのヒントを
解説してきました。
この章ではその知識を統合して、
一本のマーケティング企画に
組み上げていく流れを紹介します。
「すべてを動詞で考える」がそのキーワード。
行動デザイン・プランニングの手順を
6つのステップで一気に解説します。

マーケティングのすべてを動詞で考えてみる

前章で、「買う」「持つ」「使う」「捨てる」という360度の行動サイクルを観察することで、今まで気づかなかったプロダクト開発のヒントが見つかることもある、という話をしました。

実は、よく「マーケティングの**4P**（プロダクト、プライス、プレイスメント、プロモーション）」と称されるマーケティングの要素すべてに「行動発想」を注入する、つまり**「すべてを動詞で考えてみる」**ことができるのです（下図）。

従来、広告会社が関与してきたのは4Pの中で「プロモーション（広告・販促・PR活動などの総称）」パートにほぼ限定されていました。これは〝モノ〟発想と無縁ではありません。「〝モノ〟づくりをどうするか（プロダクト）」、「〝モノ〟の価格をいくらに設定するか（プライス）」、「それをどう流通に配荷するか（プレイスメン

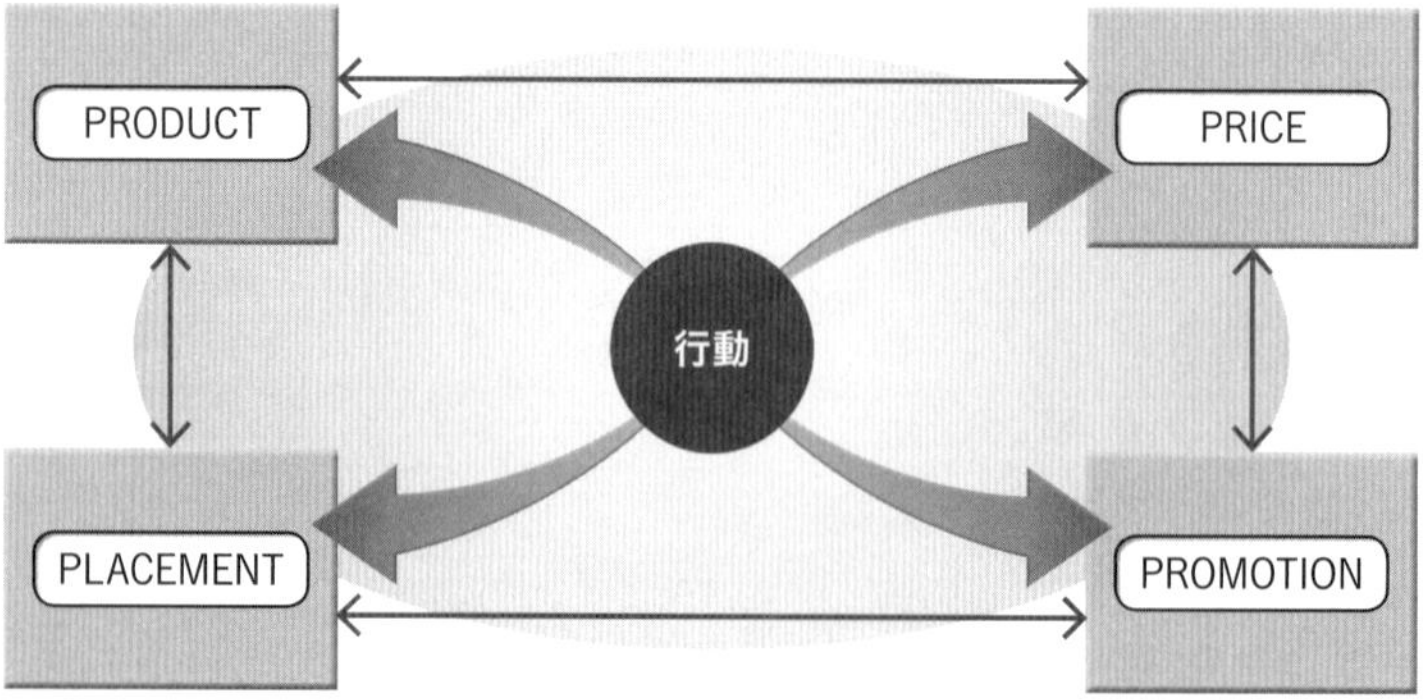

図6-1 マーケティングの４Ｐに「行動発想」を注入する

ト）」は広告会社が手を出せない与件とされてきました。それらが全部決定した後で、「どう売り出すか（プロモーション）」を考える、という順番が一般的だったのです。

しかし、今後〝モノ〟発想ではなく、〝行動発想〟でマーケティングを考えるようにシフトするとしたら、商品も、価格も、売場もすべて「そこにどう人を動かす仕掛けを組み込むか」という考え方の導入が必要になります。

例えば、**商品に「思わず手で持ってみたくなるデザイン」が内包されているか、「思わず立ち寄ってしまう売り場」になっているか、「行動障壁を緩和する、買いやすい価格」か、**といった検証が不可欠になるのです。そのためには、行動デザインに長けたメンバーがそれらの検証プロセスに介在したほうが効果的です。

そのメンバーが横から「本当にそれで生活者が動くか？」という問いを投げかけたり、ときには解決策を提案しながら、マーケティングの４Ｐ全体に関わって行動デザインを考えることができれば、必ず「人が動く」結果はついてくると思います。実際、私たちの周りでも、「プロモーション」から４Ｐ全体に一歩踏み込んだ業務が始まっています。

▼▼▼旅行行動を４Ｐ全体でデザインした事例

例えば、旅行という商品は、商品といっても無形物なので、工業製品に比べれば私たち広告会社が介在しやすいジャンルです。研究所のメンバーがお手伝いした「タイの人に日本旅行をしてもらう」キャンペーン（観光庁「ＪＡＰＡＮ ＱＵＥＳＴ／３００ Ｍｉｓｓｉｏｎ s」[10]）は、現地の広告を使って「日本に行こう」と呼びかけただけではなく、タイの旅行会社36社と連携して企画型の日本旅行を特別に造成してもらいました。

旅行行動を考えるときに最も重要なのは、当然「そこに行ってみたい！」というモチベーションです。旅行は「情報商品」なので、どうやってその旅行行動を魅力的に提示するかという「プロモーション（広告・販促・PR活動など）」パートが生命線になります。

しかしいくら上手に「プロモーション」をしても、価格が高い、手頃な商品（パッケージツアー）が造成されていない、旅行会社が積極的に売らない、などの障壁があると最終的には旅行行動は喚起されません。つまり**4P**全体がうまく噛み合わないといけないのです。

このタイの訪日旅行キャンペーンは大成功し、2014年の訪日客は年間で65万人と、前年の45万人を大きく上回りました。「日本で挑戦したい300のミッション」という建てつけで観光情報をきめ細かく発信するキャンペーンアイデアが、比較的親日家の多いタイの人に刺さったということもあるのですが、それだけではここまでの集客は望めないはずです。

実際は現地の旅行会社がその建てつけに乗って、個別のミッションにひもづけた旅行商品（例えば「京都で本場の宇治抹茶かき氷を食べよう」「たらい舟に乗って佐渡の海を漕ぎ渡ろう」などのオプショナルツアーを組み込んだパッケージ）を造成し、旅行カウンターで積極的に売ってくれたことが効いているのだと思います。

この「300Missions」というキャンペーンアイデア自体が、旅行を「どこへ行くか＝行き先の観光地名」で考える従来の発想（〝モノ〟発想に近い）から、「そこで、どんな行為をするか」で考える〝行動発想〟への転換になっています。こうした発想転換の新しさが、旅行会社を含むタイの人たちを動かしたのでしょう。

マーケティングの４Ｐ全体に私たち広告会社が関わっている例はまだそこまで多くありませんが、これからは**「すべてを動詞で考えるマーケティング」**の先行例が少しずつ増えていくはずです。なぜなら、これだけ消費行動が成熟・飽和した時代に、「モノの魅力」だけで市場を突破できる商品はそうそう生まれてこないと予測しているからです。

行動デザインのつくり方・6ステップ

「すべてを動詞で考える」ためには、どうやってプランニングを進めていけばいいのでしょうか。さすがにいきなりアイデアから考える、という人はいないでしょう。まず「課題はなにか？」「なにを解決しなくてはならないのか」というところから考え始めることが多いと思います。しかし私たち研究所が考える企画ステップは、課題設定の手前から始まります。

それは**「行動ゴール」の設定**です。

「行動ゴール」とは、企業のビジネスゴールを顧客の行動量（一人当たりの行動量×獲得人

10　300 Missions：2014年4月～2015年3月に実施

数）に落とし込んだものです。何人のユーザーがどれくらいの頻度で、どんな行動をすると、結果的にビジネスゴール全部、あるいはその一部が達成できるのか、という目標値が「行動ゴール」です。

これを起点とした行動デザインのプランニングは大まかに6つのステップになります。

- ステップ1「どれだけ動かすのか」＝行動ゴールを設定する
- ステップ2「誰を動かすのか」＝ターゲット顧客を特定する
- ステップ3「いつ、どこで動かすのか」＝行動観察から行動チャンスを発見する
- ステップ4「何で動かすのか／なぜ動くのか」＝行動をつくり出す仕掛けを設計する
- ステップ5「どうやって動かすのか」＝全体シナリオを構築し、実行する
- ステップ6「本当に動いたのか」＝成果を評価し、ＰＤＣＡを回す

お気づきのようにいわゆる「５Ｗ１Ｈ」（ステップ６の「本当に（Ｈｏｎｔｏｎｉ）」も加えれば「５Ｗ２Ｈ」？）を網羅した手順になっています。

▼▼▼ステップ1～ステップ4を一気に考えてみる

ここで、ステップ1の前に、つまり行動ゴールの設定の前に、すでにターゲットが決まっ

ているともあります。そうすると、そのターゲットがどんな行動をするか、という順番で行動ゴールを考えることになります。このようにステップ1とステップ2は手順が逆になるケースもあります。プランニングの実務では前後のステップを行ったり来たりして検討していくのが普通です。

次のステップ3の中心的な作業である「行動観察」については、前章でかなり詳細に説明しました。ターゲットが特定できれば（ステップ2）、あとは彼らの日々の行動を徹底的に観察し、そこから「行動チャンス」を見つけるだけです。

その「行動チャンス」を活かすには、なにをどうしたらいいか、を考えるのがステップ4です。行動デザインの中核となる企画アイデアを考案する段階です。ここがマーケティング・プランニングの山場になります（ステップ4については、この後の第7章「行動を誘発する仕掛け」の中で詳しく説明します）。ここまでのステップ1〜ステップ4を、行ったり来たりしながら一気に考えてしまいましょう。ステップ4を〝戦術〟（後工程）として後回しにしたり、外注してしまうことも多いのですが、ステップ1〜ステップ3までの流れをきちんと受けとめたプランでなければ仕掛けは機能しません。

▼▼▼ステップ5：全体シナリオを構築し、実行する

ステップ5は、タイトルでおわかりの通り、ステップ4で設計した仕掛けのアイデアを真ん中において、それを実際のマーケティングの全体シナリオの中にどう実装し、そこにどう

人を呼び込み、さらにそれがどう世の中にシェアされ、拡散していくか、を考えるステップです。具体フェーズなので、企画と制作がほぼ一体で進行し、並行して実施段階に移行していきます。

ここで重要なのは**「一貫性」**です。計画段階でいくら統合的な全体戦略が設計されていても、マーケティングが実施段階に移ると、どうしても一つひとつの業務パッケージ（施策）がバラバラに独立して運用されがちになります。

施策のジャンルによって、現場の担当者や部署が分かれていることも多いと思います。結果的にその局面ごとの事情や状況で、本来の全体設計とは少しずれのある実施プランになってしまいがちです。

同じキャンペーンシンボルや、メッセージを貼りつけているものの、コンセプトに一貫性のない企画やツールが点在・混在しているという状況も少なくありません。実施段階まで「一貫性」を堅持し続ける、というのは、実際はかなり至難の業なのです。

そうならないためには、**なるべく設計をシンプルにしておく必要があります。**

誰をターゲットに特定したマーケティングなのか。彼らが本当に行動をつくり出すきっかけとなるものはなんなのか。そのアイデアをコアとして、一貫したシンプルなシナリオを設計することがステップ5の要諦です。

ただし、一貫性にこだわるあまり、あまり杓子定規に表現を固定してしまうのも逆効果になる場合があります。なぜなら受け手の行動や意識のモードは、同じ一人の人間でも、そのときどきの生活場面によって微妙に異なっているからです。

そう考えると、あらゆるタッチポイント（生活者が企業のメッセージや仕掛けに接することができるマーケティング上の接点）ですべての表現が同じビジュアル（絵柄）、同じコピー（文言）であることのほうがむしろ不自然かもしれません。

一貫したシナリオの中で、その場面、場面に合った最適な表現を工夫し、確実にターゲットを行動に誘い込み、その行動を次の行動に連鎖させていく、という発想が必要です。

▼▼ステップ6：成果を評価し、PDCAを回す

ステップ6もタイトル通り、成果を評価し、PDCAサイクルを回すフェーズです（PDCAはPLAN、DO、CHECK、ACTIONの頭文字を取った略語で、計画〜実行〜反省〜改善、を繰り返すマネジメント・サイクルのこと）。

行動デザイン的には、成果評価の尺度は、ステップ1で設定された「行動ゴール」の達成度です。目標に照らして、実際に必要な行動量がつくり出せたのか、つくり出せなかったとしたらなにが問題だったのか、その場合は、そもそも設定した行動ゴールの高さが妥当だったか、高すぎる目標ではなかったかを立ち戻って検討することが重要です。

ステップ5、ステップ6はかなり具体的なオペレーション・レベルの話になりますので、本書では詳細な説明は省きます。対象となる商品カテゴリー・業種によって、かなりディテールに差が出てしまうからです。

ステップ―「どれだけ動かすのか」＝行動ゴールを設定する

企画の「一貫性」を担保するためには、当然ですが、そのマーケティング施策をなんのためにやるのか、という目的の明示と共有が必要です。プランニングの最初のステップ（ステップ1）で「行動ゴール」を設定するのは、そのためです。サッカーで、どっちサイドが自陣のゴールかをチーム全員で共有していなかったら大変なことになってしまいます。

もしすべての個別施策のアイデアが同じ行動ゴールに向いていれば、つまりメンバー全員で毎回、「その個別施策は、本当に目標通りの行動量獲得に寄与できるのか」という確認ができていれば、全体が大きくぶれてしまうことはありません。つまり**「行動ゴール」が個別の施策の妥当性、一貫性を判断するものさしになる**のです。

マーケティング企画をスタートする時点で、ほとんどの場合、ビジネスゴールは与件として提示されています。売上高、成長率、シェア、利益率などの目標数値です。中計（中期経営計画）のように3～5年単位で提示されている目標もあれば、単年度で達成しなくてはならない事業計画レベルの目標もあります。

それに対して従来のマーケティングでは、こうしたビジネスゴールに直接連動しない、例えば「認知率」などのコミュニケーション指標が施策の目標に設定されているケースが多かったのです。しかし、これは「大きなメガホンで大声を出せばモノが売れた」時代のマーケティングの流儀です。

商品ジャンルによっては今でも広告弾力性が高い、つまり認知量と販売シェアに一定の相関が見られるものもありますが、広告でパワーゲームができる企業やブランドは非常に限られています。これからの時代はむしろビジネスゴールから逆算して緻密《ちみつ》にマーケティングプランを設計し、必要最小限の広告投資を行う、という手堅いアプローチが求められているのではないでしょうか。

そして、そのときのプランニングの起点が**ビジネスゴールを顧客行動に置き換えた「行動ゴール」**なのです（下図）。

▼▼▼行動ゴール設定のやり方の一例

例えば歯磨きペーストで行動ゴールの設定を考えてみましょう。

年間売上50億円の汎用ケア・ブランドがあったとします。これを1年で１１０％、つまり55億円に増やすことがビジネスゴールだったとしましょう。そして年末の需要期（例年、年末にオーラルケアをまとめ買いさせる店頭フェアが

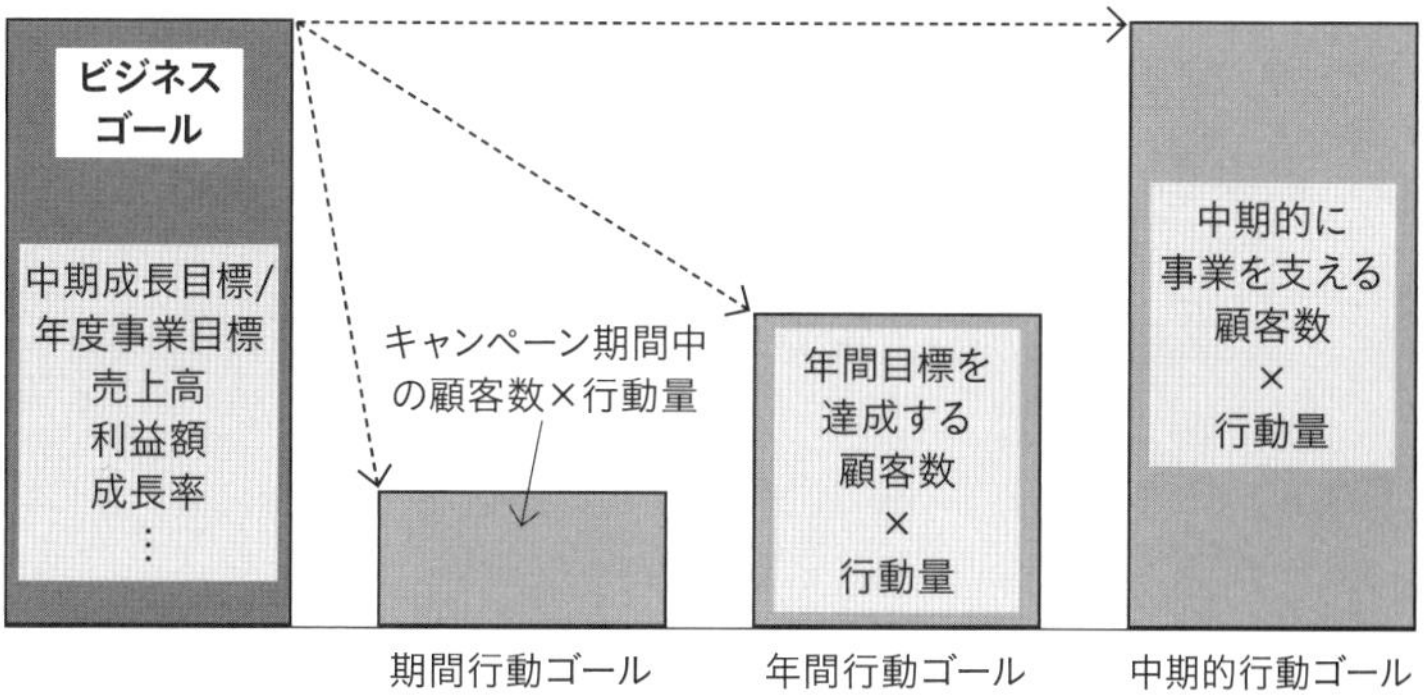

図6-2 行動ゴール

実施されるため）に一カ月のキャンペーンを打つことになっていたとします。そのときの行動ゴールはどう考えればいいでしょうか。

一カ月の増分目標は年間増分目標5億円の1／12ですが、需要期なのでわかりやすく1割、0・5億円としましょう。このペーストは単価が330円だとして、0・5億円だと約15万個。つまり年末の一カ月で去年の12月実績より15万個、余計に売らなくてはいけないのです。

一人1個買うなら15万人の新規顧客獲得が必要です。「15万人の他銘柄ユーザーに、このときだけブランドスイッチをしてもらうこと」が行動ゴールです。もしこの時期、年末ということでいつも買っている人が2個まとめ買いするなら、「既存客のうち15万人に1個余計に買ってもらう」ことが行動ゴールになります。

ステップ2「誰を動かすのか」＝ターゲット顧客を特定する

ここで初めて、顧客ターゲティングの出番です（この例題で想定している商品は、特定の年代・性別向けではない汎用ケア・ブランドとします。商品やブランドによっては最初からターゲットが特定されていることもありますので、その場合はステップ1と2が逆転します）。この時期にブランドスイッチしてくれそうな他銘柄ユーザーはどんな人でしょうか。

歯磨きペーストは飲料ほどヘビーユーザーとライトユーザーの差が存在しないと思いますが（一回当たりの使用量も歯磨きの回数も大人ならほぼ同じ）、しいて言えば会社でランチの後にも磨くような、歯磨きの回数が多い人のほうが購入頻度は高いと言えます。あるいは子どもと両親と、家族で同じ歯磨きペーストを使う世帯なら、当然、購入頻度は高くなります。購入頻度が高いほうが、売り場によく来るしカテゴリー関与度も高い、と考えれば、こうした「買い替える頻度が高い人」がターゲットになります。これが、**属性ではなく行動でターゲティングする**、という行動デザイン的なターゲットの考え方です。

▼▼▼一番、行動してくれそうなターゲットは誰？

家族で同じ歯磨きペーストを使う層は、どんな人たちでしょうか。年齢が上がるにつれ、夫婦でそれぞれ自分専用の歯磨きペーストを使う傾向がありそうです。口腔《こうこう》ケアの課題が顕在化し、個人差も出てくるからです。子どもも思春期になると親と同じ歯磨きペーストはいやがりそうです。逆に子どもがあまり小さいと大人と同じものは使いませんから、一家で同じペーストを仲良く使う世帯、というのは小学生～未就学の子どものいる30～40代夫婦の世帯、かもしれません。では、彼らを15万人（世帯）、動かすことはできそうでしょうか。

今度は「会社でもよく歯を磨く」人たちをターゲットにする方針を検討してみましょう。家に1本、会社に1本、ということで需要（購入機会）を倍増できるからです。

彼らはかなりオーラルケア意識が高い人たちです。自分専用のペーストにこだわりがありそうです。各社の新製品にも関心がありそうです。同じ「買い替える頻度が高い人」でも、こちらのほうが、先ほどのファミリーよりも対象商品に心が動く可能性が高いように思えてきました。

それは、どんな人たちでしょう。オフィスで働く女性はランチの後の歯磨きをすることが多いでしょう。男性はどうでしょうか。身だしなみに気を使う若者と、歯周病が気になるシニア、どっちが会社でもよく歯磨きをしていそうでしょうか。15万人動かすとしたら、どっちがやりやすそうでしょうか。

もう一つのオプション、つまり現ユーザーの一部に2本、まとめ買いしてもらうという方針はどうでしょうか。

この提案に動くターゲットはおそらく価格指向の強い人たちでしょう。お得な提案でなければ2本まとめて買う人はいません。しかし、問題はまとめ買いしたからといって使用量が特に増えるわけではない、ということなのです。一時的に購入率とシェアは上がるかもしれませんが、需要を先食いしているだけなので翌月に反動が出てしまいます。年間で110%UPという目標を考えると、現ユーザー対象では難しそうです。

このように、行動ゴールを起点にして、どんな人たちをターゲットにすればそのゴールを達成できるのか、を考えるのが2番目のステップです。

実際にプランニングをしていると、ターゲットを考えているうちに行動ゴールに立ち戻って再設定する、という場合も出てきます。**特にステップ1〜ステップ4までの計画段階は、絶対に逆戻りしてはいけないという手順ではありません。**より信じられる戦略シナリオになるまで、何回も行ったり来たりしながら、行動ゴールから中心的な仕掛けのアイデアまでの妥当な組み合わせを探る、というのが現実的なプランニング作業となります。

ステップ２【補足】ターゲットも「動詞」で考える

ここで、ターゲット顧客を「属性」ではなく「行動特性」で規定する、という行動デザインの特徴的なアプローチについて、少し補足しておきましょう。

よく「もっとターゲットを明確に絞り込んで」とか「ターゲット設定が甘すぎる」というフレーズを耳にしたことがあると思います。予算は限られていますから、効率という観点からは、誰に向けてそのマーケティングプランを投下するのか、逆に誰のことは無視して放っておくのか、という「選択と集中」が必要になるでしょう。

行動デザインでも、「ターゲットを特定する」プロセスは重要です。「誰の、どんな行動を通じてマーケティングのゴール達成に必要な行動量が確保されるか」を事前に想定しておかなくては、プランを組み立てられないからです。

ただし、ここで気をつけなくてはいけないのは、そのターゲットがどんな人かという内面的・心理的な**「意識」や「価値観」にあまり踏み込みすぎても意味がない**、というところです。

なぜ「意識」や「価値観」でターゲットを絞り込むことにあまり意味がないのでしょうか？その理由は、繰り返しになりますが、必ずしも「意識」が「行動量」や「行動パターン」と相関していないからです。

▼▼▼ターゲットを「行動量」や「行動パターン」でセグメント

行動量を確保する上で重要なのは「そのターゲット層がどれくらいの量を、どれくらいの頻度で消費するか」という物理的な情報です。意識（価値観）が違っても、その消費行動のパターンが同じなら、ターゲットを分ける意味はあまりありません。

逆に同じ価値観の人でも消費量がまちまちであれば、それを一つに括っても無駄でしょう。「価値観」が本当に行動の量やパターンと相関しているかどうかの吟味が必要です。

私たちが提案しているのは**「行動で顧客をターゲティングする」**という考え方です。その理由は、「意識」は目に見えないが、「行動」は目に見える客観的な事実だから、です。

次ページ図のように、ユーザー全体を行動量（カテゴリーレベル×ブランドレベル）で例えば9セルに区分してみると、その中のどのセルをターゲットに特定すべきか、という論点が明確になります。

ただし、その場合でもあまりセグメントを限定すると、必要なターゲット（行動量）のボリュームが不足してしまうことがありますから、注意が必要です。

例えばコーヒーカテゴリーで考えると、コーヒーをたくさん飲む人で、かつそのブランドをよく買ってくれる人（右上のセル）が一番の理想的なターゲット層（セグメント）ということになります。しかし、実際にはそのセルに入る人数は全体の中ではそんなに多くないのが普通です。

彼らにもう1～2杯余計に飲んでもらうくらいでは（それはそれで、かなり大変なことですが）、必要な行動量には届かない可能性があります。

こうした**行動量による区分**以外でも、「新規客（未購入客）」と「リピーター（既存客）」、「休眠客」というように購買経験で区分することも可能です。これも行動による区分ですから、行動デザイン的には意味のあるターゲティングです。

購入頻度が高い商品の場合は、「主にどこで買っているか」という区分も、意味があります。

スーパー、ドラッグストア、コンビニエンスストアなどの主購入チャネル（最近はEコマースも重要）によって購入単価（＝売価）がかなり違うことがあるからです。

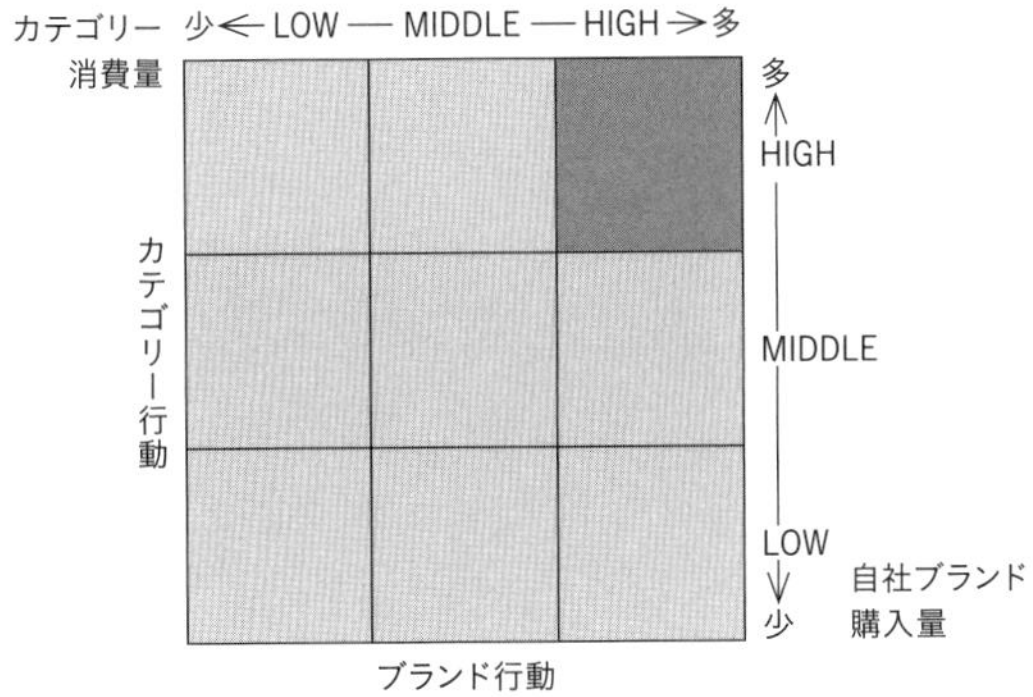

図6-3 ユーザーの９セル

▼▼▼属性情報はあくまで参考情報

しかし、一般によく使われるのは「20〜30代女性」とか「未就学児のいるファミリー」といった、**属性による区分でしょう**。この区分の良いところは、ターゲットの顔つき（特性）が、イメージしやすいところです。年齢や性別で消費量（行動量）が特定できる（あるいは先ほどのオーラルケアのように年齢・性別で消費量の差があまりない）商品カテゴリーであれば、それでもいいでしょう。

ただし、よく考えてみてください。同じ20〜30代の女性でも、例えばお酒をたくさん飲む人と、ほとんど飲まない人とは日々の行動パターンが違いますよね。主購入チャネルも変わってくるかもしれません。それを属性（＝見た目）だけで一緒に括ってしまうと、ターゲットを特定したことにならないのではないでしょうか。第一、「行動量」の計算が難しくなってしまいます。行動パターンが違うなら、違う打ち手を考えないと反応率が悪くなってしまう可能性があります。

私たちがよくやるのは、**まず行動レベル（行動量）で顧客を区分し、その中でターゲットとして特定した層の特徴を分析し、その特徴を年齢、性別などの属性で把握する、という2段階の分析です。**先ほど歯磨きの例題で説明したのがこのやり方です。どれを、どれくらい使っているか、という「行動量」の差でターゲットをセグメントすることが重要であり、属性情報はその参考情報、と考えてください。

今までのマス・マーケティングで属性によるターゲティングが一般的だったのは、マスメディアへの接触状況が属性で分かれていたからです。年齢によって、見るテレビ番組の内容や時間帯が違っていたり、よく見る雑誌が分かれています。新聞をよく読むのは50代より上の世代です。

「伝えること、知らせること」が主眼のマーケティングであれば、こうした媒体接触状況の差による区分は大きな意味を持っています。しかし、行動をつくり出そうとするなら、どんな媒体を見ているか、よりも「どの流通チャネルで、どれくらい買っているか」、という情報が重要になってくるはずです。

ステップ２【補足の補足】「ペルソナ」をつくるのは、なんのため？

ひと昔前のマーケティングでは、ターゲット・セグメントといえば客観的な属性区分（性・年齢、居住地、職業、年収、学歴、既婚・未婚、子どもや同居家族の有無、など）だけでした。それがある時期から「もっと心理的・価値観別のセグメントじゃないと、意味がない」という風に変化してきました。１９７０年代の後半から80年代の前半だったと思います。

その背景にあったのが「価値観の多様化」という生活者の変化と、大量生産型のマス・マーケティングの飽和です。誰もが同じような夢や欲望（「いつかは○○」的な）を持っていた時代が、ちょうど終わりかけていた時期です。

その中でターゲット顧客を価値観やライフスタイルで細分化し、それぞれの嗜好に合った小規模な商品ラインを多数揃えていくのが、あるときからマーケティングのスタンダードになっていきました。

そうした「ライフスタイル・マーケティング」で市場が拡大した時期もありますが、現在はそうした小さな市場を全部足しても、総市場として停滞ないし縮小傾向にあるカテゴリーが増えています。

しかしその一方で競争環境はさらに複雑になっており、セグメントが大雑把だと、そこにもっとセグメントを絞り込んだ競合商品が切り込んできます。「もっとターゲットを明確に限定して」といったターゲット戦略の論拠は、このような競争環境にありました。ターゲットをライフスタイルで詳細に記述する「ペルソナ」という手法が生まれたのも、こんな時代背景です。

「ペルソナ」というのは、不特定多数の生活者で構成されるユーザー像を、あたかも「一人の実在の人間」のように生々しく記述したものです。

▼▼▼「ペルソナ」に潜む課題

「ペルソナ」が有効とされる論拠は、「ターゲットイメージ（ライフスタイル）」を共有しやすい、というところです。年齢などの属性区分だけでは描写しきれないターゲットの内面を、まるでドラマの主人公のように生き生きと描き出すことで、あたかもその「ペルソナ」が実在の人物のように思えてきます。

最近は以前のように単純に年齢・年代で人を区分できなくなっているので、価値観を中心としたターゲットの記述のほうが、説得力があります。ターゲットと世代が違うプロジェクトメンバーにとっても、ターゲットをリアルにイメージさせてくれる「ペルソナ」は役に立つ情報です。

しかし、この〝迫真性〟に実は「罠」が潜んでいるのです。

ペルソナのベースは通常はそのターゲット層がどんなライフスタイルを送っているかという生活意識調査です。しかし、それだけでは淡々として、あまりドラマチックなストーリーにならないことがあります。そこで、ペルソナをつくる人の想像が膨らんでいきます。その人にとって、ペルソナが単なるターゲットの事実ベースの記載ではなく、「理想の顧客像」に昇華していってしまうのです。

その結果、例えば30代女性をターゲットにしたペルソナであれば、だいたい「センスがよく、肩肘を張らず、周囲に流されずしっかり自分を持って、自然体で生きている」ことになっていきます。「ヨガ教室に通い、ベランダでハーブを育て、気の合う友人とよくカフェで寛いで」などが例としてあげられます。それは「こんな素敵な人が、このブランドのユーザーになってくれたら嬉しいのに」というつくり手の願望を映し出しているのです。

ブランドイメージを構築するプロセスとして、こうした理想の顧客像を描くことを否定はしませんが、問題はそうした顧客像の設定が、実際に人を動かすマーケティングにどう役に立つのか、というところです。

そもそも、そうした価値観が行動量や行動パターンと相関していなければ、その情報は後々のプランニングに使えません。むしろ社内で共有すべき事実は、そのターゲット層に共通する**「カテゴリー行動の量や頻度」**なのです。

▼▼▼「ペルソナ」には行動量の概念を付加する

ペルソナのもう一つの課題は、そういう価値観の人にターゲットを絞ったときに、そこにじゅうぶんなボリュームがあるのか、という量の評価が欠落しがちなことです。もし足りなければ、違う価値観のセグメントの人たちもターゲットに加えていかなくてはなりません。そのときにそのペルソナは「違う複数の価値観」をまたいで有効なものなのでしょうか。

私たち研究所がペルソナをつくるとしたら、**「そのカテゴリーをどれくらいの頻度でどれだけ使用するか」「その背景にはどんな個人の、あるいは家庭の状況があるのか」という記載に特化**します。結果的にフィジカルな要因（スポーツをしているから水分摂取量が人より多い、加齢して食欲がなく大きなサイズを食べ残す、孫のために冷蔵庫にいつもヨーグルトを買いだめしている、など）が中心になります。**〝行動ペルソナ〟**と呼んでもいいかもしれません。

このようにターゲットを特定するときでも、「行動」を踏まえて考えるのが行動デザインのユニークネスなのです。

ステップ３「いつ、どこで動かすのか」＝行動観察から行動チャンスを発見する

ターゲット顧客をどう決めるかは、行動ゴールを達成する上で非常に重要な手順になりますので、ステップ２について少し紙幅を割いて説明してきました。その次がターゲット顧客の「行動観察」を通じて「行動チャンス」を発見する、という手順（ステップ３）になりますが、この「行動観察」と「行動チャンス」については、前章（第5章）でかなり詳細に説明しましたので、ここでは割愛しますね。必要があれば戻って、読み返してください。

特に「行動チャンス」はこのターゲットならではの、という個別性があるので、性別や年代、ライフスタイルなどの参考情報が必要になります。その人たちのどんな意識（潜在意識を含む）が、どんな行動につながっているのか。あるいは、本当はどんな行動をしたいのに、それが未充足なのか。そこから今まで気がつかなかった「突っ込みどころ」を探すのがステップ３の作業です。

その次がいよいよ、見つけた「行動チャンス」を活かすにはなにを、どうしたらいいかを考えるステップ４です。行動デザインの中核となる企画アイデアを考案する段階です。

ステップ4「何で動かすのか／なぜ動くのか」＝行動をつくり出す仕掛けを設計する

行動デザインの核となるアイデアとは、どんなものなのでしょうか。その前提にあるのは、マーケティングの中心的な施策の中に、ターゲットが思わず行動したくなるような仕掛け＝**「行動誘発装置」**を組み込む必要がある、という発想です。

もちろん、広告的なメッセージで人を動かす（行動を誘発させる）というアプローチもありえるでしょう。しかし、今日では広告メッセージが届いたとしても行動まで喚起できない状況が増えています。メッセージだけでなく、実際に行動を誘発する仕掛け（装置）が必要なのです。

どんな装置に、どれくらいのターゲットが反応し、その結果、どれくらいの行動が喚起できるか。その装置には費用感も含めてリアリティはあるのか。そういう観点で行動誘発装置のアイデアを考えていきます。

ステップ4は行動デザイン・プランニングのまさに本丸です。

行動誘発装置を一言で言うと、どんなものなのでしょうか。まず、**従来実施されてきたプロモーション施策のほとんどは「行動誘発装置」を実装しています。試供品も、イベントも、もれなくもらえるお皿、などのプレミアムもすべてが「行動誘発装置」になります。**

▼▼▼行動誘発装置はプロモーション以外にも活用できる

「行動誘発装置」の出番はプロモーション施策だけとは限りません。87ページでご紹介した「ＣＯＯＬＢＩＺ」はそのＰＲ活動を国民的な運動論に建てつけることで、〝ネクタイをはずす〟という行動を誘発しました。ＰＲ施策も、運用によっては「話題化」だけでなく行動をつくり出すところまで持っていけるのです。

よくできたＷｅｂサイトやスマホアプリも、同様に「行動誘発装置」になります。最近ではテレビや新聞などの広告メディアと効果的に組み合わせたり、あるいはＷｅｂ完結でマーケティング・キャンペーンを展開するケースが増えてきています。ユーザーが自分で再現可能なちょっと面白いアクションをＷｅｂ動画に仕込んでおくと、それを「やってみた」といって動画サイトに上げる人たちが出てきます。その結果、そのアクションが普及していくことが想定できるならば、Ｗｅｂ動画も「行動誘発装置」です。

パッケージなど商品の一部、あるいは季節限定商品など、商品自体に「行動誘発装置」を組み込むというケースもよくあります。小売業にとって売り場は本来、買物行動を誘発させるための装置です。最近はメーカーが自社製品を直接販売したり、体験させる期間限定の店舗を繁華街に出店していますが、これも代表的な「行動誘発装置」です。

行動誘発装置の概要と、そのつくり方については、この後の第7章「行動を誘発する仕掛け」の中で詳しく説明します。本章では、その装置の効果性（人を実際に動かす力）を担保する、「なぜ、それで人は動くのか？」というセオリーについて先に解説しておきたいと思います。

ステップ4【補足】なぜ、動くのか？人を動かす「行動デザインのツボ」がある

ちょうどこの原稿を書いている頃に、サッカー日本代表の試合がありました。日本は快勝したのですが、1点目の日本ゴールの瞬間、思わず両手を叩きながら椅子から立ち上がってしまう自分がいました。いちいち頭で考えて、脳からの指令で立ち上がったとは思えません。瞬間的に体が反応したのです。普段はキャスターつきの椅子に座ったまま、ゴロゴロと近くのキャビネットまで書類をとりに移動するほどズボラな自分に、こんな瞬発力があったのが驚きです。これはいったいなんなのでしょうか。

私たち研究所は、こうした「思わず人が動いてしまう状況」にはなにか、共通性があるのではないか、と考えています。そうした特性をマーケティングの中に（例えば「行動誘発装置」の中に）組み込めば、人を動かす力学になるのではないか？　というのが私たちのアイデアです。その力学に**「行動デザインのツボ」**という名前をつけてみました。

「ツボ」は文字通り、東洋医学や鍼灸《しんきゅう》でいう経絡《けいらく》のツボです。そのツボを刺激した瞬間に、体がぴくっと反応する。そんな見立てです。

広告は通常、コピー（テキスト）を読ませるものが多いので、文化的なバックグラウンドを共有していないと意味が通じません。仮に外国語を読解できたとしても、異文化の人間にはその本当の面白み、含蓄《がんちく》が伝わらないものです。タレントを起用する広告も同様です。国際的なハリウッドスターは別ですが、タレントもその国や時代の文化の中に存在しているので、誰にでも同じ印象を与えるわけではありません。

それに比べて、私たち研究所が収集・分析している「ツボ」は、もう少し普遍性がある刺激です。喜怒哀楽などの感情や、その感情を生み出す脳の構造は人類共通です。**「ツボ」はそうした、個別の文化を超えた共通の感情とつながっています。**だからマーケティングとして時代（トレンド）や社会（カルチャー）に左右されにくい一般性、あるいは再現性を持ち得ると考えているのです。

▼▼▼「帰属意識」を刺激されると、人は動く

サッカー愛好家でもなく、得点した選手のファンというわけでもない筆者を瞬間的に立ち上がらせたのは、明らかに「日本代表」つまり、日本という共同体への帰属意識でしょう。ここから導かれるのが**「帰属意識を刺激されると、人は動く」**という「ツボ」です。

帰属意識には愛国心、郷土愛、愛社精神、母校愛、家族愛、などさまざまなレイヤーがあります。「◯◯甲子園」というフレーム（見立て）をよく見かけますが、本家の高校野球大会も含め、そこには自分の郷里や卒業校を応援したい、という「帰属のモチベーション」が強

く存在しています。そのモチベーションをマーケティングに活用すれば、人を思わず反応させ、動かす力になる可能性が高いはずです。

愛国心をうまく活用した行動デザインの事例があります。ルーマニアの「ROMチョコ」[11]（写真）という昔からある超ロングセラーブランドのキャンペーンです。

昔からある超ロングセラー菓子は、どの国でもブランド鮮度が少し劣化して「若者離れ」が進んでいることが多いのですが、まさに「ROMチョコ」もそんな状況でした。

最近はアメリカから来た輸入ブランドが若者に支持され、「ROMチョコ」は衰退の危機にあったそうです。そこで起死回生の秘策として考案されたのが、「ROM」のパッケージをなんとアメリカ合衆国の星条旗のデザインに換えてしまう、という大胆な施策でした。

「最近の若者はアメリカの輸入チョコが大好きだから、若者受けする星条旗柄に変更します!」と、「ROM」の社長がニュースで発表するや否や、ルーマニアの国を挙げての大論争が始まります。

その論調の大半は「ルーマニア人の愛国心を踏みにじる行

図6-4 ROMチョコ（筆者私物）

為だ」というネガティブなものでしたが、これはもちろん最初から想定していた狙いです。
店頭に並んだ星条旗デザインの商品に対し不買運動が起こったり、と炎上が過熱したところで、「やっぱり元の国旗デザインに戻します」と反省のコメント。それを聞いて国民はほっとひと息。

伝統的なブランドが自分たちの国民的な財産であった、という事実に気づき、それから「ＲＯＭチョコ」はチョコ好きの国ルーマニア（消費量が世界一だそうです）を代表する定番菓子として息を吹き返した、というストーリーです。

この笑ってしまうほど壮大な仕掛けのスケールと、リスクを恐れない度胸には脱帽です。企画自体は、少なくとも日本では再現不可能だと思いますが、ここで使われている**「帰属意識のツボ」は万国共通のもの**ではないでしょうか。

このような、人類共通の「思わず動いてしまう」力学を、内外の３００件以上の「ヒットキャンペーン」事例分析から経験則として抽出し、「◯◯すると、人は動く」という形で分類・整理したものが私たち研究所の「行動デザインのツボ」です。

11　ＲＯＭチョコ：ＲＯＭはＲＯＭＡＮＩＡ（ルーマニア）の頭３文字。パッケージの３色旗はルーマニアの国旗の色。「日の丸チョコ」といった感覚でしょうか。２０１１年のカンヌ国際クリエイティブフェスティバルでＰＲ部門グランプリ受賞。

ステップ4【補足の補足】なぜ、行動デザインのツボが機能するのか

ここでは行動デザインのツボのうち、説明しやすく、実務でも活用できそうな代表的なものを18個紹介します（次ページ図。※実際にはもっとバリエーションがあります）。「帰属意識で、人は動く」の他は**「急かされると、人は動く」「限定されると、人は動く」**……などがあります。

では、これらの経験則＝「ツボ」で、なぜ人が動くのでしょうか。

それは第4章（124ページ）でも説明したように、行動が、心理学用語で〝情動〟と呼ばれる「怒り」「喜び」「悲しみ」や「羞恥心」、「自尊心」などの強い感情と直結しているからだ、と考えています。こうした〝情動〟がきっかけとなって、行動を抑制している「行動ブレーキ」が緩和されたり、〝情動〟に強く背中を押されたり（「行動アクセル」が加速）することで行動が発生する、というメカニズムが働くのです。

そのとき、そこには**「人のリスク感」が大きく関わっているはず**です。

多くの人はコスト支出につながるリスクを恐れて、行動を抑制しています。ときには不必

「行動デザインのツボ」は、行動アクセルを加速する系と行動ブレーキを緩和する系におおまかに大別できる。

行動アクセルを加速する系

急かされると、人は動く	対決させると、人は動く	食べ物にすると、人は動く
限定されると、人は動く	対比があると、人は動く	帰属意識を刺激されると（郷土愛で）、人は動く
挑発すると、人は動く	選択（投票）させると、人は動く	サイズを変えると（大きく／小さくすると）、人は動く

行動ブレーキを緩和する系

お膳立てされると人は動く	お墨付きがあると人は動く	現場が来てくれると、人は動く
口実があると、人は動く	ファッションで、人は動く	体が動くと、人は動く
名前をつけると、人は動く	本気が伝わると、人は動く	子供ごころで、人は動く

図6-5 行動デザインのツボ

要なほど、過剰な抑制が働いている場合があります。そんなときに「ツボ」を押すことで、ぽんっと「行動ブレーキ」を解放してあげたり、逆に強い感情に訴えるツボ（例えば帰属意識など）をぎゅっと押すことで、理屈や損得感情抜きでとっさに行動が発生することがあるのです。これが、私たちが考えた「ツボ」の作用機序《きじょ》（メカニズム）です。

▼▼▼「行動アクセル」と「行動ブレーキ」

実は、見ていただくと18の「ツボ」のうちざっくり上半分は「行動アクセル」加速系、下半分は「行動ブレーキ」緩和系という分類になっています。

例えば「限定されると、人は動く」というツボは、第4章で紹介したチャルディーニの「簡便法」の中の、「希少性の法則」と関連しています。これは「行動アクセル」系。**「お墨付きがあると、人は動く」**は「権威の法則」「社会的証明の法則」と関連しています。これは「行動ブレーキ」の緩和です。

「お膳立てされると、人は動く」のツボは、いろんな場面で使われている便利なツボです。「そこまでされちゃったら、やらないわけにはいかないな」と感じるのでしょう。自分以外の誰かがリスクや面倒な手間を引き受けてくれていることで、「それなら」と「行動ブレーキ」が緩和されるのです。**アクセシビリティ**が向上し、行動に必要なコストが下がるので行動が発生する、という説明もできると思います。

最近、「大人の塗り絵」ブームとして、また「塗り絵」が復活の兆しにあります。「塗り絵」

などは「お膳立てのツボ」を活用した「行動誘発装置」の元祖かもしれません。

▼▼▼なぜ人は「落書きバー」で落書きをしたのか？

何年か前に、ある文房具メーカーが「落書きバー」という銀座の飲食店を期間限定で展開したことがあります。そこはいかにも銀座らしい、由緒ある感じのバーの空間なのですが、なんと床・壁・窓ガラスからテーブルやお皿まで、天井以外はどこにどんないたずら書きをしてもいい、というお店なのです（もちろんトイレも、ＯＫです）。

最初はおそるおそる、という感じだったお客さんも、他の人の大胆な落書きに触発されて次第に積極的に落書きをするようになり、後半は描くスペースを探すのに苦労するくらいになっていました。これは店舗空間を「落書き行動」を誘発する装置に変えた、行動デザインの事例だと思います。

ここで使われているツボは**「お膳立て」**の他にもありそうです。ここなら落書きしてもいいんだよ、と堂々と言い訳できるという点では**「口実があると、人は動く」**のツボも当てはまりそうです（これも使い勝手のいいツボです。人は常に、我慢している欲求を許容する「言い訳」を探しているのです）。

大人を童心に回帰させることで思わず行動させる**「子供ごころのツボ」**とか、**「挑発すると、人は動く」**のツボも該当しそうです。期間限定の飲食店だから、**「限定されると、人は動く」**や**「食べ物にすると、人は動く」**のツボも関係ありそうです。このように、実際のマーケティング施策で使われているツボは一つとは限りません。いろんなツボを押してあげることで、それだけ人のさまざまな感情をゆさぶり、結果、たくさんの人を動かせるという効果がありそうです。

もちろん、必ず「ツボ」で考えなくてはならない、ということはありません。「これなら、人が動きそうだな」という確信をチームで共有できればそれでいいのです。

このように「人を動かす力学」を組み込んだ、マーケティングの中心となる仕掛けのアイデアを開発するのがステップ４です。

ステップ5「どうやって動かすのか」＝全体シナリオを構築し、実行する

ステップ５とステップ６については各論になりますので、ごく簡単に解説しておきます。

ステップ５は、ステップ４までで発想された仕掛けのアイデアを実施に向けて組み立て、形にしていくステップです。建築に例えればステップ４が基本設計、ステップ５が実施設計から建て込みまで、という感覚でしょうか。ここでは戦略の全体像を常に念頭に置きながら、中心となる仕掛け（行動誘発装置）にどう人を呼び込み、さらにその体験をどう世の中にシェアしてもらい、拡散していくか、を考えていきます。

そのとき気をつけなくてはいけないことは、とかく既存の出目、つまりどの媒体やツールを使うのかという「いつもの手法発想」に陥りがちなことです。

「チラシを撒こう」「タウン誌に広告を出してみよう」というように出目から先に企画を考えてしまうと、結局いつもと同じような定型の作業になってしまいがちです。下手をすると媒体を投下したりツールを製作すること自体が目的化してしまいます。それでは本質的な問題解決は望めないでしょう。そもそも人をどう動かしたいのか、そのために本当に従来使ってきたツールや媒体でいいのか、というように目的発想で手法（出目）を点検し、全体シナリオを組み立てていかなくてはなりません。

もちろん、最終的にターゲット顧客にマーケティングが到達しなくては、人は動きません。だから行動デザインのアイデアを出目としてなんらかのマテリアル（制作物：ツールや媒体、イベント、ＤＭなどターゲットの目や耳、手に触れるもの）に定着する必要があります。

一方で、マテリアルはそれを製作・調達するのに相応のコストと時間（納期）がかかりますし、法律や条例、強度・耐久性などさまざまな制約も出てきます。使い終わったあとに大量のゴミが残るようでは困ります。細部のつくり込み（クリエイティブ）が重要なことも、言うまでもありません。

こうした諸条件をバランスさせながら、制約の中で今までにない新しいチャレンジをすることは簡単なことではありません。高い成果を出したマーケティングの陰には、この製作・実施プロセスにおいて粘り強く、最後まで諦めないという意志を持ったプランナーや制作スタッフの存在があるのです。

ステップ6「本当に動いたのか」＝成果を評価し、ＰＤＣＡを回す

最後のステップはタイトル通り、成果を評価し、ＰＤＣＡサイクルを回すという活動です。行動デザイン発想では重要な評価尺度はただ一つ、「行動ゴール」の達成度です。目標とする行動量を実際につくり出せたのか、つくり出せなかったとしたらなにが問題だったのか、を客観的に分析・検討します。

ここで大事なのは「失敗を補正しながら、繰り返し実行する」ことです。

一回のトライで「失敗だった」で終わってしまうと、せっかくの知見も散逸してしまいます。スポーツも音楽も繰り返しの中で上達していくものです。うまく行ったにしても、行かなかったにしても、そのフィードバックをもとに次の企画を考えることが成功の鍵です。

市場環境が毎年大きく変わるような局面ではなかなか「同じ一つのアイデアの中で、施策を繰り返し投入していく」ことは難しいのですが、毎回、全く違うことをやっていてはＰＤＣＡサイクルをきちんと回すことができません。変える部分（変数）と変えない部分（土台）を整理して、結果を評価・検証できるような形でプランを設計しておく、という先回り発想が必要なのです。

第7章

行動を誘発する仕掛け

行動は物理的なエネルギーを要します。
それをいきなり促すのは難しいので、
「手がかり」「足がかり」となる仕掛けを用意する必要があるのです。
実際に人を動かした事例を分析すると、
そこには周到な仕掛けが存在しています。
この章では、「行動デザインを考える6つのステップ」の中で
「ステップ4（行動をつくり出す仕掛けを設計する）」
の核となる、「行動を誘発する仕掛け」について
掘り下げてみたいと思います。

たった一本の線が人を動かすこともある

ある日、床に白い線が1本、引かれたとします。それはなんの変哲もないただの線なのですが、人はなぜかその線1本に影響を受けてしまいます。つまり「線が引かれる前」と「線が引かれた後」では、人にとってのその環境は明らかに違うものに変わってしまうのです。

そんな線に、見覚えはありませんか？

そうです、トイレの入り口の床やお店のレジ前の床に引かれた、あの線のことです。線1本が、「この手前に並んで順番を待つこと」というサインになっているのです。今では誰もが行儀よくその線の後ろに並んで、おとなしく順番を待っています。わかりやすく、線の代わりに足跡の形を貼っているお店もあり

図7-1 白線に並ぶ人々

ます。

若い方には信じられない話に聞こえるかもしれませんが、私が子どもの頃は日本には「手前で一列に並ぶ」という習慣はありませんでした。皆、虎視眈々と〝早く終わりそうな人〟を探してその後ろにてんでに並んでいたものです。早そうな列に横からさっと割り込んでくる人もよくいました。しかし、ここ十数年の間で日本人の「順番待ち」行動は大きく変わりました。**たった1本の線がその行動を変えてしまったのです。**これが「行動誘発装置」です。

▼▼▼思わず歩きたくなる空間デザイン

最近の例では、成田国際空港に新しくできた第3ターミナルが「線」を上手に使って話題になりました。第3ターミナルはLCC専用で、第2ターミナルから630m も専用通路を歩かなくてはなりません。15分くらいかかりますが、連絡バスもけっこう時間がかかるので、多くの人は荷物をがらがら引きながら歩いています。空港利用料に反映する建設コストを抑えるため、「動く歩道」などはありません。目を休める観葉植物の植栽やきれいな看板なども なく、殺風景な通路を延々と歩かなくてはならないのです。

そこで空港側が考えたのが**「連絡通路を陸上競技の長距離トラックに見立ててしまう」というアイデア**でした。通路は陸上トラックのように赤と青のレーンに区分され、白いラインでコースが描かれています。途中、カーブや分岐が何カ所かあるのですが、ラインを辿っていけば迷子にもならず、いつの間にかゲートに到着できるようになっています。

よくできているのは、この通路デザインが「長距離をひたすら歩く」という行動を自然に誘発していることです。スポーツの疲労感は心地の良いものです。連絡通路を延々と歩かされる〝徒労感〟を、〝爽やかな疲労感〟と一瞬、錯覚してしまうような効果があります。「動く歩道」の快適さはありませんが、LCCを選択するエコノミー・ツーリストにとっては、まあ仕方がないかと納得しながら移動できるレベルの空間環境が提供されています。

この空間デザインがまさに「行動デザイン」であり、陸上トラックに見立てた通路がその行動を引き出す「行動誘発装置」になっているのです（写真）。

メッセージだけでは、行動を促しにくい

もし、630mもの連絡通路を（大きな不満を感じずに、なるべく快適に）歩かせる、という行動をメッセージで促そうとしたら、どうでしょう。

「歩くのも健康にいいですよ、歩きませんか？」などと言ったら旅行客の反発は目に見えています。「そんなに遠くありません」という言い訳も「遠くてすみません」とい

図7-2 成田国際空港　撮影協力：成田空港

う お詫びも、かえって苦情を誘発して「炎上」を招くだけでしょう。そういう意味では、言葉（メッセージ）の力はときには非常に有効ですが、**言葉だけでは人を動かせないという状況もある**、ということなのです。

私たちが以前から「行動誘発装置」というアイデアに注目している理由はここにあります。特に、これから日本も海外からの旅行客が増え、日本語のメッセージでは伝わらないという場面も増えていきます。数カ国語を併記しているサインもありますが、文字数が多くなると視認性が低下し、受け手の「情報コスト」が増加してしまいます。こうした状況では言葉によらない物理的な「装置」のほうがむしろ雄弁だったりします。

「旅行」は、お金・時間などのコストやリスクがあるので、「多くの人にとって魅力的な行動である割には、意外に実行されていない行動」の代表例と言えます。そんなときに「◯◯に行きましょう」ときれいな観光ポスターで呼びかけるだけでは人は動きません。逆に時刻表や地図帳が、ときには「そうだ、旅行に行ってみよう」という行動を誘発する装置になりえます。新しい洋服やバッグを買うとちょっと旅行に出かけたくなる、という人も多いと思います。

「高尾山はお蕎麦がおいしい」というメッセージは、ただ「高尾山に登ってみませんか？」というメッセージよりも魅力的です。山登りの後にはおいしい食事が待っていてほしいからです。でも、もし「高尾山・蕎麦巡り」というパンフレットが手元にあったら、「お蕎麦がおいしい」というメッセージはもっと有効に機能するはずです。「じゃあ、今回はどのお蕎麦屋さんに入ろうかな」という計画段階まで一気に行動が進展するからです。「グルメマップ」や

「グルメガイド」は時代を超えて人の移動行動を喚起する効果的な「行動誘発装置」です。

▼▼▼「行動誘発装置」を生活の中に組み込む

車のマーケティングで考えてみましょう。

週末に「カーディーラーに試乗しに来ませんか？」と呼びかけるよりも、見込み客の自宅に試乗車を届けて「土日2日間、好きに使っていいですよ」と車を預けてしまうほうがはるかに試乗行動を誘発する力があるでしょう。こうした〝特別試乗〟の仕組みも「行動誘発装置」の一種です。

特に、日本の都市部は車庫が狭いので、自動車の購買検討プロセスでは車のサイズ（車幅など）問題がボトルネックになりやすいのです。

カタログに寸法は表示されていますが、実際に車庫にうまく入れられるかどうかは気になるところです。車幅が大きいから、と敬遠していた輸入車が家の車庫の前まで来てくれれば、急に検討の候補に入るかもしれません。

第3章で、「選挙に行こう」「がん検診を受けよう」といった啓発メッセージがなかなか行動につながらない、という話を書きました。

こうしたメッセージが「呼びかけ」だけで終わってしまうのは、生活者の日々の行動の中に「行動誘発装置」という〝仕掛け〟をうまく組み込めていないからなのではないかと思います。

試供品という「行動誘発装置」が有効なのは？

新しい商品を買うことにはリスクがあるので、小サイズの試供品を配り、まず使用感（や味）を体験してもらい、それで好印象を持った人が実際の商品を買う。このシナリオを前提にした古典的なマーケティング手法があります。一般的に「サンプリング」と呼ばれている手法です。

みなさんも、ときどき街頭や店頭で試供品をもらうことがあると思います。もしかしたら送り手側として、サンプリングを企画したり実施したりしたことがあるかもしれません。試供品は昔からある、受け手のリスク感を緩和するタイプの「行動誘発装置」です。

私たちもお得意先企業の依頼でサンプリングのお手伝いをすることがよくあります。ときにはサンプリングが非常に有効な場合もあるからです。店頭で食品や飲料の味を一口、体験してもらう「試飲」や「試食」は、自分に一番合う選択をしようと思って情報探索をしている人や、なにを選んでいいかわからなくて困っている人にはとても効果的な方法です。

新しいデジタルツール（デジカメやスマホ、タブレット端末など）やゴルフクラブを、店頭で試さずに買う人はむしろ少ないでしょう。使い方をガイドしてくれるデモンストレーターを店頭に配置し、試してもらう（「デモ販」や「タッチ＆トライ」などと呼びます）施策は、こうした少し値の張る（＝リスク感を伴う）商品のマーケティングでは〝定石〟になっています。

こうした過去の「成功体験」から、新製品のマーケティングプランでは初めから「サンプリング」をやることが〝与件〟となっていることも多いように思います。しかし、そこに疑問を持たず、鵜呑みにしてしまって本当にいいのでしょうか。

試供品は、製造するのにも、配るのにも費用がかかります。大規模に配ろうとすれば、なおさらです。人件費が発生する「タッチ＆トライ」はかなりコストのかかる手法です。だとすれば、それだけのコストをかける価値があるのか、他にもっと効果的な方法はないのかをじゅうぶんに検討すべきでしょう。

▼▼▼ただ配ればいい、というものではない

はなから「配布すること」が与件になっていて、でもそこに大きな予算は配賦できないからある範囲で限定的・小規模に実施する、という例もよく目にします。正直、こうした意思決定は本末転倒ではないかと思います。購入前の「体験」の有無が購入を左右するキーファクターなのであれば、じゅうぶんな「体験量」が担保されていなくては実施の意味がないからです。

第6章で触れたように、マーケティングの出発点はどれくらいの「行動量」をつくり出したいのか、という目標設定です。１００万人にまず1個、買ってほしい、という目標に対し、例えば５万個のサンプリングは５％の到達率です。ではサンプルを受け取った人が実際に商

品を買う歩留まりは何％と踏んでいるのでしょうか。

さらに、じゅうぶんな体験量（サンプル配布数）が確保されているとしても、サンプリングやデモ販などの「少量試用体験」が本当に有効なのは、受け手の条件が次の３点をクリアしているときだけです。

①その人が今、なにを買うか（使うか）をまだ決めていなくて、自分に一番合うものを探している状態（探索モード）であること。

②その商品の価値（＝受け手にとってのベネフィット）が、一回の「少量試用体験」だけでかなりの程度、実感できるような商品であること。

③その「体験」にかかる受け手のコストやリスク（時間がかかりそう、押し売りされるかもしれない……など）が、そこで獲得できる情報量／情報の質、あるいはその商品本体を買うときのコストやリスクに対して、じゅうぶんに小さいこと。

一言で言えば、**その試用体験が生活者にとって少しも無駄な時間（＝コスト）ではなく、「今、したいこと」「今、必要なこと」になっているかどうかが非常に重要なのです。**

例えば、その人がなにか新しい飲料を求めて探索中、という状態でなければ、いくら試供品がおいしかったとしても、すぐにその飲料を買い求めるという行動には移行しません。いつも飲む飲料がすでに何種類かあって、じゅうぶんその味に満足しているからです。「まあ、おいしかったよ、ありがとう」で終わってしまうでしょう。

今使っている商品になんとなく不満や「飽き」を感じている人を集中的に捕まえられるような建てつけが必要です。下手をしたら、試供品サイズでさえ負担に感じるような人に商品を渡してしまうかもしれません。そうなると、そのサンプリングはかなり無駄の多い、高コストなものになってしまいます。

「人は、本当はなにをしたいのか」を考えてみる

人になにか行動をさせるときは、それが「思わずやりたい行動」になっていること、そのときに行動に伴うコスト感やリスク感を感じにくくしてあげる必要がある、という話は第4章でも書きました。

「行動誘発装置」に参加、体験するというのも立派な「行動」です。だから、それが「今、やってみたい行動」であること、そこに時間がかかるなどの余計なストレスがないことが「行動誘発装置」が機能する条件になります。

例えば、今、笑顔でシャンプーの試供品を受け取ってくれた人がいるとしたら、その人は本当はなにがしたかったのか、考えてみる必要があります。もし、今使っているシャンプーにちょっと飽きを感じていて、これからどのシャンプーを買うかと迷っている人なら、その

夜にさっそく、その試供品を使ってくれるかもしれません。でも今使っているシャンプーは買ったばかりで、しかもけっこう気に入っているとしたら、その試供品はさっそく「旅行ポーチ」の中に格納されて終わってしまう可能性もあります。

ミニサイズのシャンプーや化粧品は「旅行（お泊まり）グッズ」としてけっこう重宝されています。逆に考えれば、旅行のときこそ新商品をミニサイズで体験してもらう絶好のチャンスと言えます。シャンプーの試供品を受け取ってニコニコしていた人は、近々旅行の予定があったのかもしれません。だとしたら、街頭で今度いつ旅行に行くかわからない人に一律に配るよりも、旅行会社のカウンターやホテルのロビーで配ったほうが確実に使ってもらえる可能性が高いと言えるでしょう。

▼▼▼旅行用品ではないモノが、旅行行動を誘発することもある

旅行といえば、スケッチブックやカメラといった、モノ区分では「旅行用品」とは呼ばれない製品にも旅行行動を誘発する力があります。

普通は旅の思い出を楽しむためにカメラを買うわけですが、撮影を楽しみたい、新しい被写体に出会いたい、という目的のための手段として旅行行動が誘発されることもあるのです。このように**「目的」と「手段」は人の行動の中ではしばしば関係が逆転することがある**、というのは重要なポイントなので覚えておいてください。

カメラや文具の販促のために「旅行」を売場のテーマにする、というアイデアが効果的な

のは、そういうことです。「本を持って、旅に出よう」、という文庫のキャンペーンもかつてありましたね。

女性向け旅行の販促グッズとして、ミニサイズの化粧品やシャンプーをかわいいポーチに入れて旅行パンフレットと一緒に渡す、というのも行動に向けて一歩、背中を押す「装置」になりそうです。人は「なにかしたいこと」があるときに、それに合致したものを受容・許容するのです。やりたくないこと、関係ないことをいくら強要しても、結局、人は思うように動いてくれません。

上手な「行動誘発装置」のつくり方

これまで話してきたように、いろんなものが「行動誘発装置」として活用の余地があるのですが、それがちゃんと機能するためにはそれなりの設計の工夫が必要です。

新商品を買うことのリスク感を下げるのに、サンプリングが常に有効とは限りません。ハードルを下げる方法は他にもいろいろあるのです。さらに、その商品が全く新しいものではなく、前にも何回か使ったことがあるものなら、もう一度使ってもらうためには試供品以外の「行動誘発装置」が有効でしょう。

例えば、キャラメルで考えてみましょう。一度もキャラメルを食べたことがないという人はいないと思います。香ばしいカラメルの香りが好き、という人がむしろ多いのではないでしょうか。

しかし、現実にはキャラメル市場は近年右肩下がりで、「若い世代のキャラメル離れ」が進み、ユーザー層の高年齢化が課題になっています。そんなときに、渋谷で若者にキャラメルをただ配っても、あまり効果は期待できません。「懐かしいよね、この味」と言われて終わってしまうと思います。

四角いキャラメルというモノの中には、もう新しいニュースはないのかもしれません。キャラメルの魅力を若い世代に再発見してもらうためには、**キャラメルと生活者の「出会い方」（エクスペリエンス）を大きく転換する必要がある**でしょう。

例えば、「キャラメルをお菓子や料理に使って、若者に食べてもらう」という行動デザインはどうでしょうか。その場合の「行動誘発装置」としては、若い世代がよく利用するカフェやレストランでの試食体験が考えられます。旬のお店とコラボした「キャラメルソース・メニュー」が登場し、それを食べた若い世代が「最近キャラメルは買っていなかったが、この味自体は好きな味だった」とキャラメルを思い出す、というシナリオです。

▼▼▼商品の本当の価値は、ユーザーの行動の中にある

商品に自信があるから、その試供品を配れば必ず何割かの人がそれを買ってくれるはずだ、

という「モノ発想」に捉われていては、競争市場の変化に対応していくことはできません。モノづくりは大切ですが、生活者がどのポイントでその価値を感じているかを見極めなくてはなりません。

今の若い世代にとって、四角いキャラメルというモノ自体には興味はなくても、デザートに使われるキャラメルソースのおいしさには価値を感じてくれるかもしれないのです。

少し理屈っぽく言えば、「商品の本当の価値は、商品そのものの内部ではなく、ユーザーの使用行動の中に存在する」のです。

「はじめに（6ページ）」でも紹介しましたが、最近「ユーザーインターフェース（UI）」とか「ユーザーエクスペリエンス（UX）」という概念が注目されるようになってきました。モノ（中身）レベルではどの企業の製品も大きな差がなくなってしまったときに、例えば「指触りがしっくりくるなあ、気持ち良いなあ」といった感覚の差で、ユーザーがブランドを選んでいるからです。従来はメーカーが「それは性能の本質ではない」と軽視しがちだった「周辺的」な要素が実は、ユーザーにとっては重要だったのです。つまりモノ（性能）を中心におく「モノ発想」では「行動」は「周辺」要素ですが、**ユーザーを中心におけば、「行動」はユーザー（の生活）とモノを結びつける決定的なコネクションになります**（次ページ図）。

今日、モノレベルの差別化が飽和した時代に、現品を小容量にしただけの「試供品」が昔ほどの「行動誘発力」を持たないように感じられるのは、このあたりに理由がありそうです。マーケターがつくらなくてはならないのは、「商品（モノ）の体験装置」ではなく、その商品を通じて価値ある行動をつくり出す「行動誘発装置」なのです。

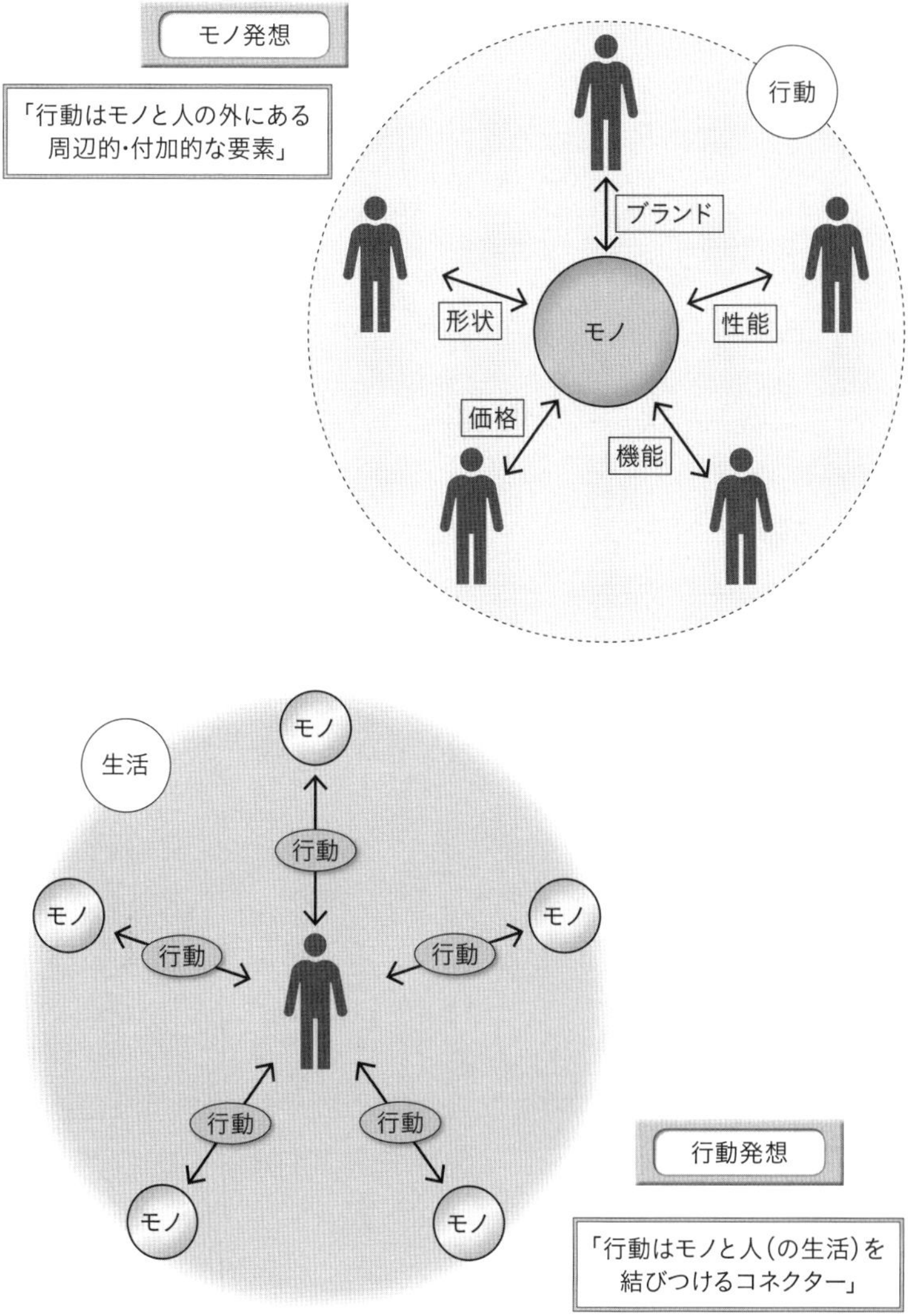
モノ発想
「行動はモノと人の外にある
周辺的・付加的な要素」
行動
ブランド
形状
性能
モノ
価格
機能
生活
モノ
行動
モノ
行動
モノ
行動
行動
行動
モノ
モノ
行動発想
「行動はモノと人（の生活）を
結びつけるコネクター」

図7-3 人＝行動＝モノ

プレゼント景品でも、すぐれた「行動誘発装置」に転用できる

「行動誘発装置」に関して、いろいろな角度から見てきました。みなさんの中には「セールス・プロモーションの仕掛けを、〝行動誘発装置〟と呼び変えているだけ？」と疑問に思った人もいると思いますが、それは違います。

「行動誘発装置」と呼ばれるものは、必ずしもプロモーション的な仕掛けだけではありません。成田国際空港の事例のように、マーケティングの範疇を超えて、社会のさまざまなところで人の行動をある方向に制御している仕掛け（装置）は、すべて「行動誘発装置」と呼ぶことができると思います。横断歩道や信号機も一種の「行動誘発装置」です。

私たち研究所がやろうとしているのは、今までマーケティング活動の中で人を動かそうという趣旨で運用されてきたあらゆる道具立て（広告やPR、各種プロモーション手法など。場合によっては商品や売場も含む）を、あたかも信号機のように人の行動のON／OFFを明確に、かつ持続的につくり出す仕掛け（「行動誘発装置」）として磨き直そう、という企てなのです。

広告を「認知促進」や「イメージ構築」のためだけに運用するなら、それは昔ながらのただの広告です。でも、そのつくり方（クリエイティブ）を工夫すれば、広告でじゅうぶん、人を動かすことも可能です。そのとき、広告は「行動誘発装置」化していると言えます。

▼▼▼「最終的につくり出したい行動」を誘発する

商品の価値は実は、モノの内部ではなく例えばそれを「どう使うか」という、使う側の行動の中に宿っているのだ、と述べました。その観点で言えば、モノがどういいか、のアピールに留まらず、それをどう使うと生活がどうなるのか、まで可視化してくれる体験性が重要です。まるで誰かの部屋（生活空間）の中にいるように家具を展示している家具屋さんの売場は、優れた「行動誘発装置」です。

先述の試供品や体験型イベントは、**それがちゃんと最終的に期待する行動につながっているなら「行動誘発装置」と言えます。重要なのは、その装置によってつくり出す行動の中身と量（行動量）です。**ただ、使ってみましたというだけでは実施費用に見合った効果はおそらく得られません。もし高速道路をハイスピードで走ってみて初めてわかるような性能を持っている自動車があったとしたら、それを街中で数分、走らせるだけの「試乗会」はあまりうまい「行動誘発装置」とは言えないかもしれません。

最近、本格ＳＵＶと呼ばれる４輪駆動の自動車では、実際に岩や丸太を乗りこえたり、急な坂道を登ったりする体験型の試乗イベントが増えています。車は「使ってなんぼ」です。メーカーにとっても、たくさん使ってくれないと車が消耗しないので、買い替えサイクルが自然と長期化してしまうというデメリットがあるのです。

だから、こうした「車の真価を実際に確認してもらう」体験は、質の高い「行動誘発装置」と言えるでしょう。なぜならその体験イベントは、後で実際にその車を買ったオーナーのアクティブな車使用（ドライブ）行動を誘発しているからです。

第4章（132ページ）で「お盆玉」という新習慣を紹介しました。「お盆玉袋」という小さな「袋」が「お盆玉」行動の誘発装置です。この装置が最終的に誘発するのは、「お盆玉という行事をきっかけに、家族が（お正月だけでなく）お盆に帰省する」大きな行動です。

このように、最終的につくり出したい行動（ゴール）と、それに対する「行動誘発装置」の提供機能（誘発される行動）の因果の説明がちゃんとつく、一貫性のあるストーリーになっていることが重要なポイントなのです。

▼▼▼「お皿」も、「ビア・サーバー」も、行動誘発装置になる!?

イベントやプレゼント景品（おまけ）も設計や運用の仕方によってはすぐれた「行動誘発装置」になりえると思っています。

例えば、和風調味料メーカーが和食の出現頻度を上げようと思ったら、「和風のお皿が必ずもらえる」キャンペーンを長年かけて実施することが効果的だと思います。日本の津々浦々の食卓に「思わず和食を食べたくなる」和風皿を配備できれば、「和食の採用率を上げる」という最終的な行動ゴールにかなり貢献するはずです。

近頃はビールメーカー各社が「家庭用ビアサーバーが必ずもらえる」キャンペーンを実施していますが、これも「生ビール行動」を誘発するよくできた装置でしょう。お店で飲む生ビールと家庭用の缶ビールは実は同じ工場のタンクでつくられているのですが、どうしても家では「生ビール」感が弱くなってしまいます。でも「専用ビアサーバー」があればもっと「生ビール」本来のおいしさを楽しむことができます。

つまり生ビールのおいしさの真価は、実はビールという液体の中だけにあるのではなく、むしろ、どうおいしく泡をつけて上手に注ぐか、という行動の中にあるという発想です。その体験は、今度お店で同じブランドの生ビールを飲んだときに再想起され、また家庭での体験に還流します。このような「ストーリー」をつくり出せるのが「行動誘発装置」の良さなのです。

▼▼▼なぜそのプロモーションは行動をつくり出せないのか？

一方で、景品で購入を動機づけるタイプのプロモーション手法において、その仕掛けや景品自体が必ずしも「行動誘発装置」として機能していないケースもかなり多いと感じています。その理由は次の２つです。

①誘発しようとする行動が、「対象商品を買う」購買行動に限定され、そのブランドを生活の中で使う行動まで疑似体験・想起できないものが多い。

②購買行動に対する一過性の刺激で終わっており、「装置」としての持続性が希薄。（景品を提供すること自体が施策のゴールとなっており、他のマーケティング施策との有機的なつながり／ストーリー性が不足）

家電や旅行、テーマパークのペアチケットなどは人気が高いので、よく景品に選定されがちです。たしかに景品への反応率が至上命題ならばそれも一つの判断かもしれませんが、マーケティング目標はもう少し先にあるはずです。せっかくなら同じコストでもっと持続性のある「行動誘発装置」を開発できたかもしれないのに、と残念に思わずにはいられません。

「行動」を誘発するメッセージとは⁉

成田国際空港の例は海外のツーリストも想定して、あえてメッセージのない（ノンバーバル＝非言語的な）デザインで行動をつくり出しているケースですが、国内のマーケティング・コミュニケーションはむしろメッセージ（コピー）主導のものが大半です。

強いメッセージ（コピー）はその広告を止めても人の記憶の中にいつまでも残り続ける、という持続効果を持っています（それに比べて、イベントなどは一過性の体験に留まりがちです）。しかし、何回も言いますが**「メッセージだけで人を動かす」のはかなり難しいのです。**

「ぜひ、これを飲んでください」「これを買わないと損です」といった一方的なメッセージ（コピー）は当節、なかなか聞いてもらえません。逆に、生活者の琴線に触れる「そうだよね、あるある！」というメッセージ（コピー）は流行語となって拡散することもときどきありますが、だからといってその商品を買うという行動とは分断しがちなところが痛し痒し、なのです。

▼▼▼メッセージは行動誘発装置と組み合わせる

では、どうしたらいいのでしょう。私たち研究所はメッセージを「行動誘発装置」とセットで考えることをおすすめしています。つまり、「行動誘発装置」に参加・体験してみたい！と思わせるメッセージを開発してそれをメイン・コピーにしたり、あるいは「つくり出したい最終的な行動（行動ゴール）」を中心的なメッセージにして、それと「行動誘発装置」をセットで運用する、というやり方です。

先ほどの「お盆玉」の例で言えば、「今年はお盆玉をあげよう」とストレートに言うのもいいのですが、「お盆玉袋」を見せながら「やっぱり今年の夏は帰ろうかな（父）……」と**その先のゴールまで示したほうが、長く記憶に残り、行動が習慣化する効果がある**のではないかと思います。「ＣＯＯＬＢＩＺ」の例で言えば、「今年もクールビズ」で終わらせず、「クールビズから始めよう、地球温暖化防止」まで言わないと、なんのためにこれをやっているのかわからなくなってしまいます。

ビール（ビア）・サーバーのキャンペーンなら、「必ずもらえる」の前に「うまい生、家でも、お店でも」的なメッセージがあったほうがいいでしょう。お店で同じブランドの生ビールを飲んだときに、家のサーバーで飲む体験が想起され、またサーバーを手に入れた人は家庭での体験がお店での生体験に還流するからです。

商品自体が「行動誘発装置」にもなりうる

「ロイヤルブルーティー」という高級茶飲料をご存知ですか？ 献上茶クラスの質の高い茶茶葉をていねいに水出しした緑茶や紅茶、青茶（半発酵の中国茶）など、さまざまなお茶がまるでワインボトルのような瓶に詰めて売られています。その品種によって数千円から、なんと1本30万円という驚くような高級品もあるのですが、高級品だからワインボトルの形をしているわけではありません。

このお茶は茶葉の本当のうまみを生かすために水出し・非加熱・濾過除菌[12]にこだわっているので、チルド物流で提供されています。

濃色ガラスの細口ボトルは遮光性が高く、空気に触れる

図7-4 ロイヤルブルーティー　写真提供：ロイヤルブルーティージャパン株式会社

面積も小さく、洗浄が容易、といったメリットがあります。しかし、それだけが理由ではありません。実はこのボトル形状には２つの「行動」を引き出す狙いが込められています。

一つは〝食中茶行動〟の誘発です。お茶は品種（製法）によって味だけでなく色も香りも違います。それをワインと同じように「グラスで色や香りを楽しむ食中飲料」として、「この料理には、このお茶が合うね」と食卓でマリアージュ（相性）を楽しむ「行動」を自然に促すためにワインボトルで売られているのです。

従来の発想なら「緑茶は茶碗、紅茶ならティーカップ」ですが、「お茶を食中飲料としてワイングラスで楽しむ」という馴染みのない行動様式（所作）を、ワインボトルという商品形状（デザイン）が担保しています。

▼▼▼「買い手」だけでなく、「売り手」も動かす商品形状

もう一つの狙いは、提供者（サービススタッフ）向けの行動デザインです。

この商品は高級レストランやバー、ホテルや飛行機のファーストクラスなどでワインのようにサーブされているのですが、定型のワインボトルに入れておけば低温セラーで高級ワインと一緒に在庫・管理してもらえるのです。サービスの仕方もワインと同じようにていねいに扱ってもらえます。特別なマニュアルを読まなくても、その日初めて接客に立ったスタッ

12 **水出し・非加熱・濾過除菌**：厚労省許認可済み。通常は許可されない。

フであったとしても、誰でも確実に、同じレベルでお客さまに「極上のお茶」体験を提供することができるのです。

「ロイヤルブルーティー」の価値はその品質管理工程の中にありますから、それを第三者である売り手（サービス提供者）に、無理なく自然なかたちで徹底してもらうために、彼らに馴染みがあるワインボトル形状を採用しているのです。

商品そのものの中に「行動デザイン」を組み込んでおくことで、「モノ」としての価値だけでなく、その楽しみ方や体験の価値、さらにはそれらの価値を担保する品質管理プロセスまでをトータルでマネジメントできるようになるのです。これが「商品自体を行動誘発装置として捉える」という発想です。

これを販売している会社は単に商品を売るだけでなく、ワイングラスで品種の違いを楽しむ有料試飲会や、料理とマリアージュを楽しむテイスティングパーティーの企画なども展開しています。２０１６年の伊勢志摩サミット（主要国首脳会議）などの設宴で、日本の文化として緑茶を海外のお客様に紹介する意味も含めてサーブされたこともあるそうです。

宴席の場でワインは楽しみたいけどお酒が飲めない、あるいは今日はお酒を飲む気分じゃない、という未充足状況は、まさに「行動チャンス」です。今までは「格下の代替品」という感じでソフトドリンクを選択させられていた人たちが、ワインを飲む人と同じように、初めてお茶で一級のおもてなしを受けられるようになったのです。

このように、お茶の価値を、「お茶」という既存のモノの中ではなく、こうした「楽しみ方」＝行動の中に見つけたことで、「ロイヤルブルーティー」は市販のお茶飲料の価格軸とは全く別次元の価値軸を設定できているのです。

▼▼▼商品形状で「やってみたくなる」を誘発する

この事例のように、商品そのもの（特に、ユーザーインターフェースである容器の部分）を「行動誘発装置」と捉えると、今までの〝業界横並び〟ではない大胆な発想が可能になります。

シェアして食べる、という行動を誘発する、人数分に区切れるパッケージ。ロールケーキのようにデコラティブな仕上がりになる、「思わず太巻きをつくりたくなるデザイン海苔」シート。夏場にカチカチに凍らせたのを持って外出するために、冷凍庫にぴったり収まる角形のボトルに入った清涼飲料……まだまだ、アイデアは広がります。

知り合いの方が「男の子が絶対歯を磨きたくなる、ピストル型の電動歯ブラシ」を考えたことがあるそうです。引き金を引くとブラシが回転するのです。「絶対、市販は無理だけどね」と笑っておられました。ピストルは問題があるとしても、そうした〝遊びごころ〟をメーカーももっと発揮してもいいのではないかと思います。

こうしたユニークな商品形状は、今日のSNS社会では「写真や動画に撮ってシェアする」というユーザー発の情報行動を誘発する仕掛けでもあります。よく「〇〇やってみた」というタイトルでたくさんの動画が投稿されていますが、この拡散を想定して「写真（動画）映えのする『行動誘発装置』を設計する」という発想も今日的だと思います。

「行動をPRする」という発想

先ほど述べた「タッチ&トライ」イベントも、その会場で実際に体験できる人数は限定的ですが、彼らがSNSで「やってみた」と画像をシェアしてくれれば、生活者とのタッチポイントは大きく拡大します。

ただ、ここで気をつけなくてはいけないのは、ただイベント情報がシェアされたり、それがネットメディア経由でポータルニュースサイトや芸能メディアに転載されたりしても、それは「情報の露出量」が増えただけかもしれない、というところです。もちろん、露出しないよりは露出したほうがいいのですが、露出量がそのまま行動量に直結するわけではない、ということはずっとお話ししている通りです。

重要なのは、「こんな行動をやっている人がいるんだ!」「自分もやってみたい」「やってみたら楽しかった」……と行動が連鎖していくムーブメントをつくれるかどうか、なのです。

「行動は連鎖」します。 誰かが咳払いをすれば、何人かが一斉にまねします。誰かが拍手をすれば、みんなが拍手をするようになります。

「たった一人の奇抜な行動」ではなく、「みんながやり出した、自分もやっていい新しい行動」と思ってもらえるかどうかが、その後の行動の拡大にとって非常に重要なポイントなのです。

▼▼▼なにを「拡散」させたいのか？

今日、テレビの接触効率が低下している若い世代に対しては、「テレビCMよりもＷｅｂをからめたＰＲの仕掛けで話題化させたほうが、効率がいい」と考える企業も増えています。とはいえメディアが面白がって転載する情報のジャンルやテーマはある範囲に集中していま す。企業の言いたいことをなんでもとり上げてくれるわけではないので、一概にＰＲのほうがテレビＣＭよりも効率がいいとは言えません。

逆に言えば、ある範囲（ジャンルやテーマ）の中にあるコンテンツはメディアで増幅・拡散することが多いとも言えます。例えば、猫などのかわいい動物を使ったコンテンツや、「世界一」認定記録を達成したニュース、いたいけな子どもが頑張る感涙の物語、芸能人の内幕的な話題などは「狙い」通り拡散する確率が高い、と思います。

しかし、そこでコンテンツ提供元の企業や商品の情報が同じウェイトで紹介され、伝播《でんぱ》していくか？　というとそれはまた別の問題です。仮にそうしたＰＲ文脈の中で企業名や商品名が予想以上に露出したところで、それがどんな行動を喚起すると言えるのでしょうか。多少、認知率や好意度が上がるだけではないでしょうか。

何回も言いますが、話題にならないよりは、なったほうがいいのです。でも、**そこでは商品名や企業名ではなく、やってほしい「行動」を話題にしてほしい**のです。

それが「行動を連鎖させる」力学になるのです。

▼▼▼「モノのPR」から「行動のPR」へ

あるゲーム会社が新しいゲームの発売にあたって「水曜の夜は、さっさと家に帰ってゲームをしよう」というような〝行動誘発メッセージ〟型のPRイベントを実施していました。ちょうど、「企業の長時間残業」が社会問題になり、政府と企業が一体になって「水曜NO残業デー」の普及にとり組んでいたタイミングだったので、このキャンペーンはけっこうメディアにとり上げられていたような気がします。

ポイントは、ワイドショーの中でキャスターが「あるゲーム会社が〝水曜の夜は、さっさと家に帰ってゲームをしよう〟という趣旨で、ちょっと変わったキャンペーンを実施していました」と、ゲームのタイトル（モノ）ではなく、「趣旨」のほうに主眼を置いてニュースを紹介していたことです。

つまり、**「水曜夜のゲーム行動」**の提案がメディアでPR露出したのです（実はこのゲームは毎週水曜に配信されるダウンロード型のゲームでした。だから、「水曜の夜」にフォーカスした企画がつくれたのでしょう）。

ちなみに、ワイドショーのニュースでとり上げられた発端は、「ゲームの中に登場する〝ゾンビ〟的な化けものたち（実写版）を水曜の夜に派遣して、社内で残業している社員を追い出すのを手伝います」という、そのゲーム会社が発信した企業向け広報文書でした。

このように、**「すべてを行動で考える」という発想に立つと、PRコミュニケーションも「モノのPR」ではなく、「行動のPR」になってくるのです。**

マーケティング道場・行動館入門【3日目】

演習問題❸
もっとバウムクーヘンを食べる人が増えるようにするには？

「師範代、おはようございます。前回頂戴したお題のご提案に上がりました」

「今回は『バウムクーヘン』がお題だったな。まず、どう考えてみたのかね？」

「バウムクーヘンって、色も形もちょっと地味だな、と。だから抹茶やイチゴを練り込んでカラフルにしたら女性に受けるんじゃないか、と考えました。あと、小さくするとかわいくなるかな、とかです」

「たしかにスイーツのメインターゲットは女性だから、女性の心をつかまなくてはだめだ。だが、そんな程度の工夫でスイーツ市場を突破できると思ったらそれこそ、甘すぎるぞ。君はデパ地下のスイーツ売り場をよく観察してきたのか？」

「実は、昨日久しぶりにウォッチしてきたんですが、実に色とりどりのお菓子が並んでいて目眩《めまい》がしそうでした。名前も外国語で読めないものが多くて。デパート初出店ということで行列ができている売り場もありました」

「バウムクーヘンは昔から存在して、誰もが色も形も味も、共通の記憶を持っている伝統菓子だ。それをあえて色も形も変えて、激戦の中に参入する意味があるのかな？」

「たしかに、今のデパ地下スイーツの競争軸は、〝今までに見たこともない新しいもの、珍しいもの〟、ですね。視覚情報も含めた、情報鮮度の競争というか」

「つまり、ファッションと同じ、トレンド消費の対象なんだ。スイーツ好きの女子の間で話題になり、それで一度は食べてみたいと思って買いにくる。そうなると、次の打ち手はなんだろう？」

「次のシーズンは、また目先の変わった新作を打ち出さないと飽きられてしまいます」

「そこだ。情報鮮度という競争軸に乗っかってしまったら、一回ヒットしてもすぐに〝もう○○は終わった。次は□□だ〟と、女子の興味は他に移ってしまうぞ」

「なるほど。伝統菓子は、定番としてトレンドの波に呑まれないトレンド耐性を持つ必要があるんですね」

「その通りだ。最悪なのはヒットに気を良くして工場の設備を拡大し、増産体制を組んだはいいが、ブームが去って設備過剰に陥る、というパターンだ。それでは安定経営は難しい。コンスタントに売れ続けていく仕組みを考える必要があるんだ。そう考えると誰がターゲットになるだろう。そしてなにが行動チャンスになるだろうか？」

「行動チャンスというのは、行動スイッチが入っているのにぴったりの商品やサービスがそこにない未充足な状況、でしたよね。あ、おいしいケーキは食べたいけどあんまり甘いものやこってりしたものはちょっと、というときが行動チャンスじゃないですか？」

「そのときのターゲットは？」

「シニア層です！　ちょっと調べてみたんですがバウムクーヘンには、『年輪を重ねる』という意味があって長寿のお祝いにも使われるんですよね」

「そうなんだよ。だから敬老の日や喜寿のお祝い菓子や、結婚式の引き出物によく使われるんだ。生菓子よりも少し日持ちもするからね。だが、それはすでにある、顕在化している行動だ。もっと市場を拡大しようとしたら、今までにない新しい『バウムクーヘン行動』を提案しなくてはならんぞ。さあ、それを考えてみなさい。まず、競合はなにになるだろう？」

「シニア層で、定番菓子ということでいうと羊羹《ようかん》や最中《もなか》などの和菓子や、カステラが贈答用という需要も含めて競合になりますか？」

「カステラはちょっと近いかもしれないが、カステラを食べたいと思っている人があえてバウムクーヘンを買う理由を見つけるのは難しいぞ。あんまり甘いもの、こってりしたもの、日持ちしないものは困るというシニア層の行動チャンスを考えてみなさい」

「あ、チョコや生クリームがたっぷり乗ったデコレーションケーキが、大人はちょっと苦手かもしれません」

「それならホールケーキ（ラウンドケーキ）ではなくて、小ぶりのポーションタイプでいいじゃないか。スイーツの消費主体が子どもから大人に移っているから、単価の高い小型のポーションタイプが洋菓子の主流になってきているんだ」

「そうか、ではホールケーキをみんなで切り分けたいと思うシチュエーションを考えればいいんですね。そのときに、従来のデコレーションケーキはちょっと、という大人のためのケーキとしてバウムクーヘンを位置づける、というのはどうでしょうか」

「そう、それがまさに〝レーンチェンジ〟発想、なんだよ。では、デコレーションケーキが一番喜ばれるシチュエーションはいつだろう？」

「クリスマスと、誕生日ですね」

「どっちを狙うべきだろう？」

「年輪のイメージからすると樅《もみ》の木がシンボルのクリスマスはぴったりですね。あ、でもクリスマスは年に一回の特需だから、そこに当てると生産体制を組み直さなくてはなりませんね」

「その通りだ。安定生産を主眼にしたら、毎日が誰かの誕生日なんだから、バースデーケーキに持っていったほうが需要は平準化するはずだね」

「じゃあ、デコレーションケーキがちょっと苦手に思えてきた大人のための、〝大人のバースデーケーキ〟に持っていけるといいですね」

「では、そこに持っていくために、どんな行動誘発装置が必要だろう」

「誕生日をみんなで祝う、という行動の中にバウムクーヘンを組み込む仕掛け、ということですよね。大事なのは〝セレモニー感〟と〝パーティー性〟だと思います」

「それは大事だね。デコレーションケーキにはその両方がある。それ以上の〝セレモニー感〟と〝パーティー性〟を担保しないと、なかなかバウムクーヘンには乗り換えてくれないぞ」

「バースデーケーキと言えば、キャンドルサービスとバースデーソングがつきものです」

「実は、『治一郎《じいちろう》』というブランドでバウムクーヘンをつくっている、株式会社ヤタローという会社（静岡県浜松市）で、一度『大人のバースデーパーティにバウムクーヘンを』というアイデアでワークショップをやったことがあるのだ。そこで、いろんなアイデアを考えて実証実験をしてみたのだが、なかなか面白い実験だったぞ。わしのスマホに撮ってあるから見てごらん」

「どれどれ。あ、バウムクーヘンの真ん中の穴にキャンドルが灯っている！　これはフローティングキャンドルですね？」

「そうだ。真ん中に穴があるのが、他のどのお菓子とも違うバウムクーヘンの特徴だ。だから、その穴を活用するアイデアをワークショップでいろいろ考えたんだ。中にプレゼントを入れてみる、とか穴にぴったりのグラスにリキュールを入れてそこに切り分けたバウムクーヘンを浸けて食べるとかね」

「それはおいしそうですね。ちょっとやってみたいですね」

「でも、結局一番受けたのは、部屋を暗くしてこのフローティングキャンドルでセレモニーをやった後、切り分けたバウムクーヘンをみんなでホットプレートで焼いて食べる〝バースデー・ホットバウムパーティ〟だったんだ」（写真）

「バウムクーヘンを焼くんですか⁉」

「そうなんだ。『治一郎』のバウムクーヘンは油脂分が多くてしっとりジューシーなのが〝売り〟なんだが、だからホットプレートで　そのまま焼くと表面がかりっとして、いつものバウムクーヘンとはひと味違った味になるんだ」

図7-5 ホットプレートでバウム・パーティー　撮影協力：株式会社ヤタロー

「写真を見ると、いろんなディップソースをつけて食べてますね。これなら、大人向けのソースと子ども向けのソースを用意することで、世代を超えて楽しめますね」

「その通りだ。君が言った通り『セレモニー感』と『パーティー性』のある〝行動誘発装置〟が必要なんだ。大人の誕生日を祝う場面でも、そこに参加するのは大人だけではないかもしれない。だから、幅広い世代が参加できる建てつけと、切り分けて終わりのデコレーションケーキにはない、ホットプレートでみんなでワイワイ焼いて盛り上がるという『パーティー性』を装置化してみたんだ。〝行動誘発装置〟の意味がなんとなくつかめてきたかな？」

「ありがとうございました！　勉強になりました」

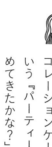

第8章

なぜ
コンビニエンス
ストアの
100円コーヒーは
大ヒットしたのか？

行動を一回喚起しただけでは不十分です。
継続こそが事業収益の生命線です。
では行動習慣化の鍵はどこにあるのでしょう。
「アクセシビリティ」と「行動フレーミング」という2つのキーワードで、
「行動習慣化の切り口」を紹介します。

なぜ、行動を継続させることが大事なのか

LTV（ライフタイムバリュー：生涯顧客価値）というキーワードは聞かれたことがあるでしょうか。1人の顧客を獲得すると、その人がその後何年にもわたっていくら自社商品を買い続けてくれるか、というマーケティング指標です。みなさんの関係するビジネスでは、顧客1人当たりの平均LTVは、何円くらいと試算できるでしょうか。

筆者は若い頃から、ひげ剃りはホルダー式（替え刃を交換するタイプ）のものを使う習慣がついています。そのため、かなり長い期間、同じブランドの替え刃を買い続けています。この先もひげを剃らなくならない限り、この支出は続くでしょう。

ざっくりLTVを計算してみましょう。替え刃が8個入って3200円。筆者はひげがそんなに濃くないので、これで半年は持つから年間6400円。使い始めた歳（21歳としましょう）から、仮に70歳まで使い続けるとすると売上額では50年×6400円＝32万円（ホルダーも1本1000円以上しますが、耐久性があるので計算上は無視しましょう）。利益額で言えばもっと少ないでしょう。仮に営業利益率10％として、たったの3万2000円。これがそのブランドにとっての筆者の一生分のLTVなのです。

▼▼▼ＬＴＶの維持が事業の生命線

第６章で「ビジネスゴールを行動ゴールに置き換える」という話をしたのを思い出してください。売上＝顧客の総行動量（金額×人数）でした。

単価の低い日用品のビジネスではいかに多数の顧客が必要か、ということがよくおわかりになると思います。これが「マス・マーケティング」の本質です。

しかし、多数の顧客を獲得するためには新規顧客獲得コストがかかります。教科書的に言えば、ビジネスにとっては「新規顧客獲得コストを抑えながら、ＬＴＶをできるだけ大きくする」ことが大切だ、ということになります。

しかし現実はそう簡単ではありません。競争が激しいほど、新規顧客獲得コストが高騰します。単価もそう簡単に値上げできないし、１人当たりの使用量もそう大きくは増えませんから、ＬＴＶの向上には上限がありそうです。そうなると、マーケティングにとっては、なにが一番、生命線になるでしょうか。

そうです。**ＬＴＶを維持し続けること、つまり他にブランドスイッチさせずに、その行動をとにかく継続し続けてもらうことが、これからの成熟社会のマーケティングの生命線なのです。**

私たち研究所が「習慣化の行動デザイン」というテーマに注力している理由はここにあります。

どうしたら、その行動が習慣化するのか？

初めての出産に比べれば第二子の出産は簡単に思えたという声をよく聞きます。それと同様に2回目以降のリピート行動のハードル（リスク感）は、初めてのときに比べればかなり低くなっているはずです。

だからといって、「一度顧客を獲得すれば（つまり一度行動を喚起できれば）、あとは黙っていても行動が継続するだろう」、という想定はちょっと虫が良すぎるでしょう。どんな習慣も弱って中止に至ることがあるからです。

こうした文脈でCRM（カスタマー・リレーションシップ・マネジメント）、つまり既存顧客（のLTV維持）に対するケアが大事だと言われ始めてからもう何年も経《た》っています。でもマーケティング投資の主眼は相変わらず新規顧客獲得のほうに置かれています。それはなぜでしょう。

理由は、新規顧客の獲得には、既存顧客の維持に比べ多大なエネルギーと工夫（つまり多額のマーケティング投資）を要するからです。**新規顧客獲得コストは、既存顧客維持コストの5倍**、という説があります。これが「既存顧客維持にもっと投資すべし」というCRM重視派の主張の論拠なのですが、現実には費用が5倍かかっても新規顧客の獲得に注力する企業のほうが多いように思います。

▼▼▼新規顧客獲得は、既存顧客維持よりはるかにコストがかかる

ここではその是非は置いて、なぜ新規顧客の獲得にこれほど大きなエネルギーが必要なのかを考えてみましょう。

前にも言いましたが、「人はすでになんらかの行動をしている」という視点が大切です。つまり「新規行動」といっても、ほとんどの場合、それはなんらかの行動を中止して、それに乗り換える必要がある、という意味で実は「代替行動」なのです。

新規顧客の獲得に費用がかかるのは、生活者側の「新しいことを始めるコスト（リスク）」だけでなく、「今やっている行動を中止する心理的コスト（リスク）」をダブルで引き受けなくてはならないから、なのです。

中には「中止することに、直接コストがかかる」場合もあります。途中解約で違約金を払う、というケースは例外としても、定期購入している商品や、会費制の会員型サービスなどは、中止の手続きが面倒でそのまま続けている、という人もいます。**なにかをやめて、新しいことに乗り換える「スイッチング・コスト」はばかにならない、大きなものです。**

では、逆になぜ既存顧客の維持にはそれほどコストがかからないのでしょうか。

それはそもそも顧客が「今やっている行動を中止する心理的コスト（リスク）」を払いたくない」からですよね。

人は過去の自分の行動を正当化したいという心理バイアスがありますから、今まで続けてきた行動への投資を肯定しないわけにいかなくなるのです。

▼▼▼ 習慣化は「精神的コスト」を低下させる

それだけではありません。実は同じブランドを（ほぼ無意識に）買い続けることは、売り手側だけでなく、買い手側にとってもメリットがあるのです。第4章で「精神的コスト」の話をしましたが、**それほど人生に重要ではない選択に関しては、むしろ頭を使わずに済ませたほうが楽だからです。**

例えば、あるトップブランドの飲料の買い方を観察していると、ほとんど商品にもプライスカードにも視線を注視することなく、「ぱっ」と瞬間的にその商品をつかんで買物カートに入れ、そのままそこを立ち去るユーザーが多いのです。こうなってしまうと、他のブランドにスイッチさせるのは非常に難しくなります。それが、不動のシェア1位を誇る大型ブランドの「強み」なのです。

アップルの創業者、スティーブ・ジョブズが生涯、毎日同じような黒のTシャツとジーンズで出社していた逸話は有名です。その理由は「朝の洋服選びで、余計な精神的エネルギーを使いたくないから」ということだったそうです。

トップ経営者は毎日、大きな決断を迫られます。それ以外のことで「精神的コスト」を使ってしまっては、決断に意識を集中できない、ということなのでしょう。筆者も楽なので、毎朝同じような紺のスーツで出社しています。長年の習慣なので、いくら会社的にTシャツとジーンズがOKでも、いまさら過去を否定してそっちには移れないのです。

▼▼▼習慣の中止理由は解明しにくい

このような無意識に近い行動は、どれくらいの期間で「習慣」形成されていくのでしょう。また、その習慣化のプロセスは、どのようなものなのでしょうか。逆に、一度できあがってしまった習慣が弱り出し、中止・離脱に至るときには、なにが起こっているのでしょうか。ここがクリアになれば、もっとＣＲＭ活動に投資をする意味や、投資すべき領域が明確になっていくはずです。

実は、このプロセスは残念ながらまだじゅうぶんに解明されていません。かなり霧に包まれた無意識下のプロセスだからです。直接「なぜ、その行動を止めたのですか？」などと普通に質問しても本当の理由はわからないものです。新しいことを始めたときのことは皆、比較的よく覚えています。しかし、**続いていた習慣は次第に弱っていくので、意外に「なぜ止めたのか」を自覚していないことが多いのです。**

このように、継続行動（習慣化）の検証・分析が難しい、ということでマーケティングのフォーカスが長い間、「新規獲得」側に置かれてきたのかもしれません。

行動習慣を支える「支柱」が存在する!?

「なぜ習慣化するのか」「なぜそれが中止（離脱）に至ることもあるのか」の解明は、なぜ難しいのでしょうか。

それは、習慣行動が変化するメカニズム（ダイナミクス）を真剣に調べようとしたら、大規模なサンプルを確保し、その経年変化を数年、場合によっては数十年という期間で観察していかなくてはならないからです。でも、それは費用的にも、時間的にも現実的ではありません。

そもそもマーケティング予算は、単年度で運用されることがほとんどです。担当者も、上司も数年で異動してしまうことが普通です。学者なら研究するかもしれませんが、こんな気が長い学術研究に研究費を出しそうな企業は、今の時代、聞いたことがありません。

「習慣化」および「離脱」行動の理解がじゅうぶんでないのは、こういう理由からです。しかし私たち研究所の行動研究においては、そのプロセスの理解は不可欠です。そこで、２０１４年から２０１５年にかけて、東京大学の先端科学技術研究センターで認知心理学を研究していた渡邊克巳准教授（当時）の監修を受けながら、自主調査という形で一種のパイロット調査を行いました。

この章で紹介するのは、そのときの調査結果に基づく私たちの「習慣化」に関する仮説です。学術研究としては、このスタディがまさにスタートラインです。ここから仮説検証のためのさまざまな調査と検討を進める必要があるのは承知しているのですが、あくまで企業の現業部門の研究所の活動なので、その学術的精度に関しては多少大目に見ていただいて、一つの「仮説」として聞いてもらえれば、と思います。

先ほども言ったように、習慣はかなり無意識的な行動なので、調査で「なぜ習慣化できたのか」「なぜ止めたのか」とストレートに聞いても「気づいてみたら」という曖昧な回答しか返ってこないでしょう。無理やり理由を聞けばもっともらしい理由を選択すると思いますが、それが「真実」かどうかは、わかりません。

そこで渡邊先生と私たちが考えた調査仮説が「支柱仮説」です。つまり**「行動習慣には、その習慣を支える支柱が存在する」「その支柱が弱ったときに、行動習慣を支えきれなくなり、離脱（中止）に至る」**、というものです。だから「どんな支柱が存在するか」、「その支柱がどのように変化していくか」を時間軸の中でトレースできれば多少なりとも「習慣行動が変化するメカニズム（ダイナミクス）」が解明できるのではないか？――これが、私たちが考案したアプローチです。

▼▼▼行動を支える「支柱」とは!?

では「行動を支える支柱」とはどんなものでしょう。当然、実用的な価値（ベネフィット）は支柱になるでしょう。「おいしい」「香りがいい」「価格が安い」といったものです。意識も支柱になりそうです。「楽しい」とか「気持ちいい」「わくわくする」といった意識は明らかに行動継続を支えてくれそうです。

それ以外の要因として例えば「友人ができる」「他人に誉められる」「人に自慢できる」といった社会的な要因も行動の継続を左右するでしょう。他にも「近くで買える（できる）」「好きなときに買える（できる）」「評判になっている」というような状況も影響を与えるはずです。

ちょっと面白かったのは、最近すっかりバイクに乗らなくなってしまい、愛車が駐輪場でほこりをかぶっている、というある研究所メンバーの体験談です。

一応は「子どもができて、一緒の時間を優先しているのでバイクに乗る時間が減った」という明確な理由はあるのですが、よくよく聞いてみると「最近、体型が変わってしまって、お気に入りの革のライダースーツが入らなくなってしまった」というのが大きかったことがわかってきました。

つまり**「お気に入りのライダースーツ」が彼の「バイク行動」を支える〝最後の支柱〟だった可能性がある**のです。それがなくなれば、当然、優先度のバランスが崩れてしまいます。

こうして研究所のメンバーで考えつく限りの「支柱候補」を列挙し、最終的にそれを80個くらいに整理して、それを調査で「その行動をしているときにどれくらい意識したか」という質問で被験者に評価してもらいました。さらにその結果を因子分析という多変量解析手法を使って、似たような支柱候補を7～8のグループにグルーピングしました（インターネット調査：首都圏の20歳～59歳までの男女計1700人対象。ジャンルによって男女の属性、人数は異なる)。

ある行動をしている人の中の大多数が「年齢的に合っている」と答えたら、「年齢的に合っている」がその行動にとっての重要な「支柱」ということになります。さらにそれが違うジャンルの複数の行動で共通に評価されているなら、それは一般論として行動習慣を支える支柱、ということになるはずです。ここでは、「年齢的に合っている」と同じグループに属する項目ならば、同じように「支柱」性がある、と仮定することにしました。

「支柱」が減ると、行動習慣が弱っていく

私たちはまず、３つの全然違う商品ジャンルで、同じ調査をすることにしました。一つは、習い事。続かない行動の代表例です。

もう一つはコーヒー。日本人はコーヒーが大好きで、一日に何杯も飲む人がいます。市場が大きいので、次々と新しいコーヒー飲料が登場してきます。だから、トータルのコーヒー行動自体は続いていても、その中のさまざまなカテゴリー(缶コーヒーやチルドカップなど)でみれば、中止・離脱したり、新たに開始した行動がそれぞれあるはずです。

３つ目はノンシリコン・シャンプーを選びました。これは調査の数年前からブームになり、

最近は少しブームがすぎ去った感じのする新しい商品ジャンルなので、最近始めた人と、中止・離脱した人が混在していることを期待したのです。

この3つの、全く違うジャンルで「支柱候補」に関する同じ質問をして、同じような傾向が出てきたらそれは一つの仮説と言えるのではないか？　と考えたわけです。

そして**調査の結果、3つのジャンルに共通して上位に評価される要因＝「支柱」はかなり共通している**（逆に、評価されていない、どうでもいいと思われている要因もほぼ共通）ということがわかりました（ジャンルによってどうしても支柱候補の規定がしっくりこないのもあるので、一部、質問の表現は変えています）。

▼▼▼習慣行動の、どのステージにいるかで、支柱が変わる!?

問題はこの先です。

私たちが知りたいのは、習慣行動が変化するダイナミクスです。時系列の中で支柱（候補）がどう変化していくかがわかれば、それが行動変化の要因ということになります。しかし、一時点の調査で時間変化を追いかけることはなかなか難しいのです。そこで渡邊先生と私たちが考えたのは、「ステージ別調査」という方法でした（次ページ図）。

私たちが考えた調査の手順はこうです。まず、調査対象を3つのグループに分けます。1番目は、ある習慣行動にかけるリソース（お金や時間。調査上は「頻度」で聞いています）が増えているステージにいる人（これから増やそうと思っている人も含む）。これはその習慣を始めたエントリー層を想定していますが、中には長年やっているが、まだ、かけるリソースが増えている、という人も含まれているかもしれません。彼らに仮に「学習期」という名前をつけます。

２番目は、その行動にかけるリソース（頻度）が増えも減りもしない、という人。彼らに仮に「安定期」という名前をつけました。飛行機が離陸後しばらくすると、慣性飛行状態に移ります。そんな見立てです。

３番目は、その行動にかけるリソース（頻度）が減っている、あるいは減らそうと思っている人。このステージに「離脱期」という名前をつけました。各ステージは物理的な時間経過というよりも、その人のその行動への関与度・関心度を折込んでいます。飽きっぽい人や長続きする人、あるいはジャンルによって期間の感覚は変わります。単純に「行動開始後、何年経過したから次のステージに行く」と一概に言えないからです。

だから、始めてからあまり時間が経っていないのに安定期にいる人や、早々と離脱期に入ってしまう人も、混在しているはずです（ノンシリコン・シャンプーは誕生してか

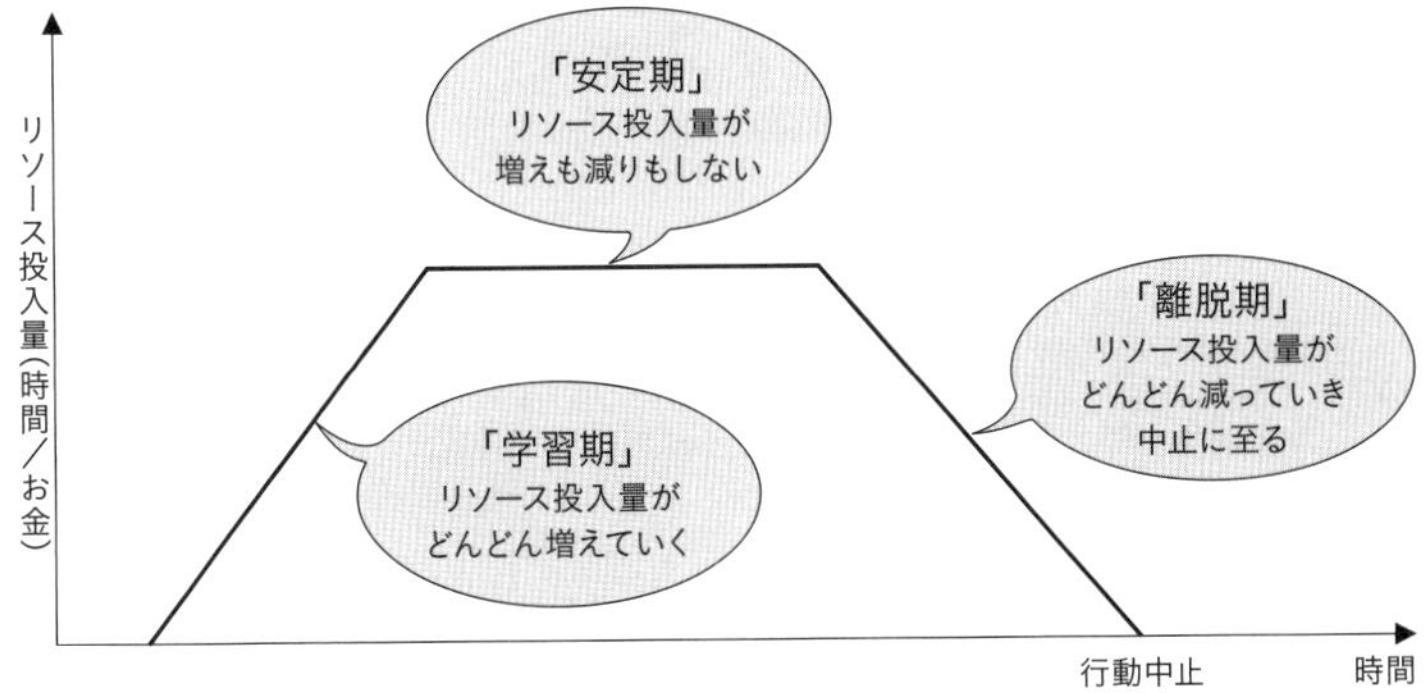

図8-1 ３ステージ仮説

らまだあまり時間が経っていないカテゴリーであることと、シャンプーに支出するお金にはそれほど大きな増減がない＝徐々に増えたり、減ったりするものではないという理由から、使用開始からの期間で学習期と安定期を区分しました。離脱期は他と同様、頻度で区分しています）。

▼▼▼支柱が弱ると、行動も弱る

そして、先ほどの「支柱候補」に関する評価を3つのステージごとの平均値で比較してみます。すると3つのカテゴリー共通の傾向として、ステージごとに反応が大きく違うことがわかりました。

例えば「学習期」では、「支柱候補」への評価は全般に高くなります。特に上位の要因（わくわくする、自分に合っている、自分の可能性が拡がっている、など）が高いスコアになりました。ところが「離脱期」では、どの項目も評価が極端に低くなってしまいます。特に「学習期」で上位だったもの、例えば「わくわくする」「自分に合っている」などの評価が大きく下がりました。そして「安定期」では

図8-2 行動を支える支柱

スコアはだいたい、その中間でした。

つまり、**行動を支えている「支柱」がそれぞれのステージで存在すること、そして「支柱」要因の弱体化（＝評価の低下）が、習慣行動を弱らせ、その中止・離脱に至っているということが明らかになったのです。**

行動を支える支柱は、『カイ（快）・キン（近）・コウ（効）』の３本

私たちは２つの観点で「行動の習慣化に影響を与えている支柱」を特定することにしました。一つは「安定期」と「離脱期」の差分です。

前提として考えたのは、先ほど図示した、「人の習慣行動は徐々にお金や時間などのリソース投入が増加していき（学習期）、その後、リソースが増えも減りもしないステージ（安定期）を経て、あるときリソース投入が減少して離脱・中止に至る」というモデルです。このモデルに従えば、安定期から離脱期にかけて減少幅の大きい項目（支柱候補）が、本当に行動習慣を支えていた支柱である、ということになります。

もう一つは因子分析で得られた「因子クラスター群」です。１個１個の細かい項目で見るのではなく、上記の「差分」＝減少幅が大きかった項目が属するグループ自体をひと括りの

束にして、これを「支柱」と呼ぶことにしました。細い鉄筋が集まって1本の柱を構成している、という見立てです。多少、ざっくりした解釈ですが、パイロット調査の段階ではこれくらい大まかな把握のほうが全体を見通せることが多いのです。

その結果、抽出されたのは5本の「支柱」でした（下図）。その中で、学習期や安定期でも上位にあるが、離脱期でも大きくスコアが落ちない（＝差分が小さい）2本の「支柱」はサブ的な支柱と位置づけました。**「評判」**（＝評判がいい、話題になっている、などの項目が含まれる因子クラスター）、および**「他者との関わり」**（＝他人に自慢できる、友人と親密になれる、などの項目が含まれる因子クラスター）の2本です。

▼▼▼ 習慣行動を支える3本の支柱

結論として「行動を支えるメインの支柱」に特定されたのは次の3つの因子クラスターです。

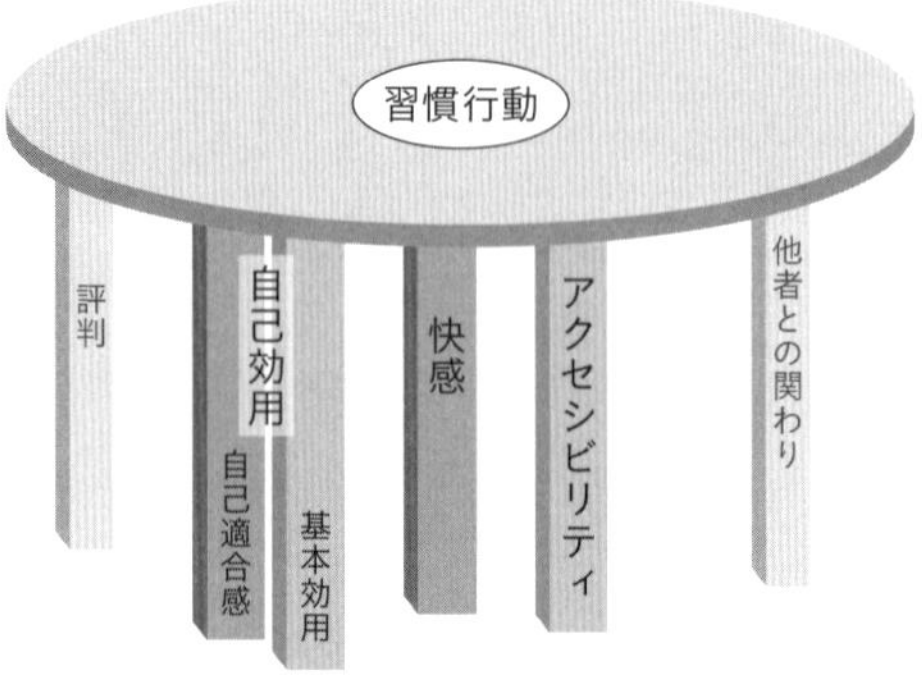

図8-3 快近効の支柱

・支柱①「快感」（快）

これは「楽しい」「気持ちがいい」などの項目をグルーピングした支柱（群）です。どの商品ジャンルでも離脱期ではこの「快感」評価が低下します。**結局、「楽しくなければ、続かない」**のです。

興味深かったのは、男性だけで調査したコーヒーでは「香りがいい」は「快感」ではなく「自己効用」という3番目の支柱にグルーピングされていたのですが、女性だけに調査したシャンプーでは「香りがいい」は「快感」にグルーピングされていたことです。女性にとって「香り」は非常に重要な快感要素なのですね。

・支柱②「近さ／アクセシビリティ」（近）

コーヒーでは「価格が安い」「自分に見合った費用である」「自宅や職場から近く買いやすい」「今の自分に合っている」など、「気軽さ・手軽さ」に関する評価が常に上位にきます。因子分析でグルーピングされたこれらの項目を「アクセシビリティ」と規定しました。

習い事では、「自宅や職場から近い・通いやすい」「価格が安い」「自分に見合った費用である」に加えて、「自分の都合の良い時間に学べる」「なにも持たずに通える」「自分に合わせてカスタマイズできる」などが「アクセシビリティ」要因です。

このようにシャンプー以外の2つのカテゴリーでは**「物理的・距離的な近さ」**に加えて**「価格面での安さ・手頃さ」「自分に都合がいい」**といった要素が一体となって**「アクセシビリティ（手に入れやすさ）」**という認識を形成していることがわかりました（ちなみにシャン

プーでは「いつも買物をする店で買える」「自宅や職場から近い・買いやすい」などがアクセシビリティ項目になりますが、因子分析では「価格が安い」はまた独立したクラスターになってしまいました。これは他のジャンルよりも特に「価格志向」が強い、ということかもしれません）。

シャンプーの説明力の歯切れが悪いのがちょっと残念なのですが、あえて仮説としてまとめるならば②の「近さ／アクセシビリティ」支柱には常に、単に物理的な距離感だけでなく、価格の評価も含まれている、と考えられないでしょうか。

これは前にお話しした「5つのコスト」を考えれば納得がいく仮説です。近いことは肉体的コストも時間的コストも節減してくれます。コストは金銭だけではないのです。

アクセシビリティはトータルコストに反比例する指標（トータルコストの小ささを示す指標）と言えるのではないでしょうか。これは第6章で解説した「お膳立てのツボ」とも符合します。

つまり、**「支払うべきトータルのエネルギーコストが小さいことが、行動の開始だけでなく、習慣化も支えている」**というのが今回の調査を経た一つの結論です。

人間は非常にエネルギーコストに敏感な存在です。以前より「割高感」を感じ始めたら、その行動には離脱・中止の危機が迫っているかもしれません。

遠距離恋愛はロマンチックですが、続かないことが多いのはまさにアクセシビリティの問題ではないでしょうか。

・支柱③「自己効用」（効）

これは**「基本効用」**と呼ぶべき項目（コーヒーでは「おいしい」「リフレッシュできる」「香りがいい」など、習い事では「教養が身につく」など、シャンプーでは「泡立ちがいい」など）と**「自己適合感」**項目（「自分に合っている」「年齢的に合っている」「元気になる」など）が一体になっているグループです。言ってみれば、「今の自分にとって良いもの、意味のあるもの」という意識です。

ここでは絶対的に（万人にとって）いいものかどうか、ではなく、あくまで「自分にとって」いいかどうか、という評価が行動の継続にとって重要であると解釈してみました。

第５章の行動チャンスのところでも書きましたが、「以前は気に入っていたのに、最近、なんだかしっくりこなくなった」と感じたときはその行動の「弱り目」です。つまり、その対象自体がどんなに価値のあるものだったとしても、「今の自分にとって、いい」と評価できなくなれば、その行動は離脱・中止に至ってしまう可能性があるのです。

この①〜③の「３本の支柱」を、語呂がいいように**『カイ（快）・キン（近）・コウ（効）』**とキーワード化してみました。

「快」は、①「快感」の支柱。
「近」は、②「近さ／アクセシビリティ」の支柱。
「効」は、③「自己効用」、つまり自分にとっていいものかどうか、という価値評価の支柱、です。

「快感マーケティング」には大きな可能性がありそうだ

従来のマーケティング、特にブランド価値を上げることで継続的に顧客を獲得〜維持・育成しようと考える「ブランド・マーケティング」では、『機能価値の先の〝情緒価値〟を訴求することで愛着が生まれ、リピート行動が定着する』というモデルが主流でした。機能（外的・物理的要因）よりも情緒（内面的・心理的要因）が上位である、という近代的思想（「大脳新皮質」至上主義とも言える）がその背景に根強く存在しています（下図）。

しかし、今回の調査で導かれた『快・近・効』モデルでは、もっと本能的・身体的な欲求や生理に近い要素（「皮膚感覚」や、脳の中でもより動物の脳に近い「大脳辺縁系」で生まれる感情）が行動の定着／離脱を左右している可能性が示唆されているように思います。

習慣化のプロセスの解明はまだ始まったばかりですが、今後、認知心理学や脳科学の発展に伴って、少しずついろ

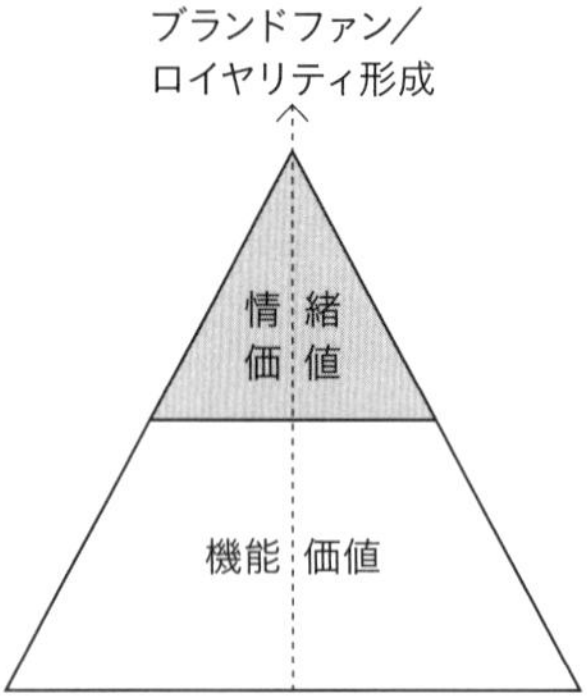

図8-4 ブランド・マーケティングにおける価値

んなことが明らかになっていくことでしょう。特に、今回の調査ではじゅうぶん深堀りできませんでしたが、**「快感」要素を重視したいわば〝快感マーケティング〟のようなものはもうすぐそこまで来ている**という予感がします。

あるフィットネスクラブは室内の壁を鏡貼りにしていないそうです。今までのフィットネスクラブ業界では「鏡に映る自分のボディを見ることがトレーニングを続けるモチベーションだ」という考え方が〝常識〟になっていました。しかし、自分の肌や容姿にあまり自信を持てないシニアの会員にとっては、鏡を見ることが「苦痛」になっていた可能性があります。つまりあるターゲット層にとっては、鏡がない部屋のほうが「快感」が高いのです。

このように「快感」を訴求するときは、「自己効用」と同様に、「誰にとって？」というターゲティングを考慮する必要があります。ターゲットを女性全体とするときには、「香り」のように女性特有の嗜好性を押さえておけば間違いがないでしょう。最近は、柔軟仕上げ剤などのトイレタリー商品でも「いい香り」を売り物にしたものが増えています。これも一種の「快感マーケティング」と言えるのではないでしょうか。

▼▼▼「快感」の低下が行動を弱らせている!?

第５章で「行動チャンス」を説明しました。どんな強固な習慣行動も、ときどき「弱る」タイミングがある、という話ですが、これも「快感」に関係していると思います。

今までお話ししてきた例で言えば、「加齢のせいでこってり系ラーメンが急においしく思えなくなる」「体型変化でお気に入りのライダースーツが入らなくなる」といった変化は、快感の低下体験です。

結婚して家族が増える、異動や転職で職場が変わる、あるいは引っ越しで住む場所が変わる、などの生活環境の変化も、以前から続いてきた習慣の中止・離脱が起こりやすい状況です。それ以前はなにも気にならなかったことが急に気になり、以前ほど楽しくない、気持ち良くない、という感覚が生まれるタイミングだからです。

そうなると、それまで完全に無意識で行われていた行動に対し、心の中で「再検討」の指示が発令され、その行動を継続すべきかどうかの判断が動き出します。もちろんそのプロセスの大部分は無意識下です。**我々が自覚するのは「なんとなく違和感を感じる」といった程度ですが、それが行動の中止・離脱の兆しなのです。**

新しい行動を仕掛ける側は、こうした違和感を「行動チャンス」と捉えて差し込んでいくわけですが、逆に今の行動を防衛する側はどうすればいいのでしょうか。

これはターゲット層の加齢などの生理的変化や引っ越しなどの物理的変化が原因なので、根本的な防衛策は存在しないかもしれません。しかし、きめ細かくユーザーの生活をウォッチしていれば先手を打って、あるターゲット層の「快感」を低下させないように工夫するといった打ち手は可能かもしれません。ある新聞社が少し前に紙面の文字の級数を拡大して、それをアピールしていた記憶があります。これは中心的な読者層が一気に高齢化したときに、彼らの快感を低下させないための効果的な対策だったと思います。

「アクセシビリティ（近さ／手に入れやすさ）」から考えてみる

『快・近・効』に似たキーワードを聞いたことがありませんか？　そうです、「今年のゴールデンウィークのお出かけ先は〝安・近・短〟です」などというときの、あれをもじってみたのです。

実は、〝安・近・短〟はすなわち「アクセシビリティ」です。レジャー行動にとってのキーファクターはやっぱり「アクセシビリティ」だったのですね。

今回の調査では、「快感」「アクセシビリティ」「自己効用」の３要素が行動習慣化を維持するポイントである、というのが一つの結論ですが、その中で**特に重要なのが「アクセシビリティ」ではないか、と考えています。**それは、何回も言っているように人の「コスト（感）」と関係しているからです。これはなにを示唆しているでしょうか。

私たち研究所がもともと「行動デザイン」で目指していることの一つは、「価格訴求（ディスカウント）に頼らないマーケティング」の実現です。

「値引きにまさる販促手法はない」と言い切る人もいます。たしかに、低価格は行動を喚起する重要な要素です。でも、他のアプローチだってあるはずです。しかも、これだけデフレが続いてきた中でこれ以上のコストダウンは、どこか無理があるような気がしてなりません。目に見えないところにしわ寄せが行くかもしれません。

「価格も含めた総合的な〝手に入れやすさ〟＝アクセシビリティが重要である、という今回の調査結果は、こうした価格一辺倒のマーケティングから脱却する一つの手掛かりを提供してくれました。もちろん、価格が高いほうがいい、という話ではありません。

ただ、闇雲に安くする必要はなく、**「買いやすい価格」**であることが大事なのではないか、という視点です。

▼▼なぜ「百円均一」に人は反応するのか？

例えば「ワンコイン」というマーケティングがあります。「百均」と呼ばれる「百円ショップ」は、今まで低価格のディスカウントストアだから集客に成功している、と考えられていました。たしかにそういう側面もあるとは思いますが、別に「買いやすさ」という側面もあるように思います。買おうとする個数×１００円で計算ができる、というのは暗算が苦手な人にも大変便利な設定です。

価格帯を揃えた「2プライス・ストア」なども、同様に「安さ」だけでなく「買いやすさ」を担保していると思います。５００円均一、１０００円均一、あるいは「3本１０００円」も実は本当に安いかどうかはよくわかりません。でもなにかわくわくするのは、その「買いやすさ」に心が踊るからではないでしょうか。

今や〝常識〟となった居酒屋の「飲み放題」プラン（2時間２０００円など）などの、いわゆる「定額」サービスも同様です。どれくらい高いか、安いかということ以上に、会計するまで金額が確定しないことが、これまでの居酒屋に行くときの「リスク」だったのです。

「端数がないこと」「小銭の釣り銭が出ないこと」も安さとは別の価値です。電子マネーが普及している背景には、「小銭の出し入れ」に抵抗感を持つ人間心理が働いていると思います。小額の釣り銭をもらうことも、端数がないためにお札を崩さなくてはならなくなることも、どっちもアクセシビリティが低下する状況です。

先日、街で見かけたのですが、あるディスカウントストア業態のチェーンでレジ横に1円玉がたくさん、トレイに入って置いてありました。1円、2円の不足でお札を崩したくない人はそこから端数を補充していいと言うのです。お札を崩したくないために買物をやめてしまう買い手の気持ちをよく理解していますよね。

これも「アクセシビリティ」向上策の一例です。

なぜコンビニエンスストアの100円コーヒーは大ヒットしたのか？

こう考えてくると、価格以外の「手に入れやすさ」（アクセシビリティ）を担保できれば、必ずしも無理な値引きは必要ない場合もありそうです。**そもそも、今提供しているサービスは本当にユーザーにとってアクセシビリティが良いのか、もっと良くすることはできないの**

か、**と検証してみることも重要ではないでしょうか。**生活者の目線で見つめてみると、意外に送り手が気づいていない、あるいは軽視している「アクセシビリティの悪さ」が潜んでいるものです。

あるタクシー会社が「ワンメーター（初乗り）のお客様、大歓迎」というメッセージを大きく打ち出したところ、お客さんがたいそう増えたという話を聞いたことがあります。そもそも、タクシー会社から見れば、空車で流しているより、初乗り料金でたくさんの人に利用してもらったほうがよほど儲かるのです。

でも、タクシーの運転手さんはなんとなく近場のお客さんを敬遠するようなムード（こちら側の思い込みかもしれませんが）があります。それで今まで遠慮して乗らなかった人たちが、そのメッセージを見て、安心して近くの駅やスーパー、病院までタクシーを利用できるようになったのです。これはアクセシビリティの改善例です。

逆に、近くて便利、という価値を提供している企業がそこに「ワンコイン」の買いやすさを付加すれば、それは最強の戦略になるでしょう。

▼▼▼ CVSの100円コーヒーはアクセシビリティが強み

コンビニエンスストア（以下、ＣＶＳと略記）はまさに「近くて便利」価値を提供することで成功しているビジネスです。そのカウンターコーヒーが例えば税込み１００円であれば、忙しい朝にはとてもアクセシビリティの良い買い物行動と言えます。そもそも、コーヒーは何回も飲むものなのでアクセシビリティが重視されるカテゴリーです。**ＣＶＳの１００円コーヒーの大ヒットは、実は「低価格戦略」の成功ではなく、「アクセシビリティ戦略」の成功だと思います。**

スタンフォード大学パースウェイシブ・テクノロジー研究所所長のＢ・Ｊ・フォッグ博士が「フォッグ式行動モデル」という方程式（Ｂ＝Ｍ×Ａ×Ｔ）を提唱しています。Ｂは行動(Behavior)、Ｍは動機（Motivation)、Ａは能力（Ability)、Ｔはきっかけ／トリガー(Trigger)。この３つが揃わない限り行動は生まれない、という理論です。この理論を著書のなかで紹介しているニール・イヤール氏は、「モチベーション（動機）を増大させるにはコストがかかり時間も要するので、まずアビリティ（能力）を向上させる工夫を優先すべきだ」、というようなことを述べています（『Hooked ハマるしかけ 使われつづけるサービスを生み出す［心理学］×［デザイン］の新ルール』翔泳社）。

Ｂ（行動）＝Ｍ（動機）×Ａ（能力）×Ｔ（きっかけ）

これは私たち研究所の言っているアクセシビリティに非常に近いのです。アプリなどのＷｅｂサービスをもっと習慣的に使ってもらうためには、より使いやすく、シンプルな設計が必要だ、というのがイヤール氏の提言ですが、Ｗｅｂサービスに限らず、リアルな商品／サービスについてもアクセシビリティがキーワードになるのではないでしょうか。

「永遠の学習期」を狙え！

先ほど紹介した調査結果のもう一つの示唆は「学習期の重要性」です。学習期、つまり投入するリソース（行動の頻度や金額、時間など）が増加しているステージでは、多くの支柱項目が強く意識されていることがわかりました。

習い事で言えば「自分の可能性がひろがっている」「どんどん上達している」「夢中になっている」といった項目が強く意識されていて、いわば「高揚感」のまっただ中にいるような状態です。

これは、ゲームで言えば「ハマっている」という感覚に近いと思います。次々と新しい敵が登場してきますが、自分のスキルも上がっていくのでなんとか敵を倒し、また新しい闘いに突入していくときの、あの感覚です。

課金ゲーム・ビジネスが狙っているのはまさにこのステージにいる会員ユーザーです。もし、彼らがゲームの進行に飽きてしまったら、もうお金を払ってアイテム（武器など）を買うモチベーションは失せてしまいます。そうならないためには、常に新しい「危機」や「イベント」を用意して、ユーザーを飽きさせない工夫が必要になります。**学習期から安定期に移行させずに、学習期を引っ張り続けることが、行動を継続させるポイントなのです。**

テーマパークはリピーター確保が大命題です。毎年大型のアトラクションを導入できれば問題はないのでしょうが、それは現実的ではありません。そうなると、一度行ったくらいでは全貌が把握できないようにしておいて、「また行ってみよう」と思わせることが重要になります。

そのためには、あえて簡単に全部を回れないようにしておく、という設計の工夫をこらす必要があります。迷路のようにして、何回来ても初めて来たように感じさせる、というのも一つの手法です。ゲームの「迷宮」的な世界観づくりとちょっと似ていますね。

都内のある商業施設は、階段や曲がり角を意図的に設計の中に組み込んで、あえて迷路的な空間をつくり出しています。馴れないと、本当に迷子になってしまって目的地になかなかたどり着けなくて困るのですが、それもまた「行くたびに新鮮に思える」という効果をもたらしているのです。

逆にバリアフリーを追求して回遊性を上げれば上げるほど、二度目、三度目の来訪で新しい発見がなくなってしまう可能性があります。離脱させずにリピーターを確保するには、来訪者を「学習期」の中に留めておく仕掛けが必須とも言えます。

▼▼▼安定期は、離脱期の始まり!?

もともと、私たちが考えていたモデルは「安定期」が一番重要で、期間が長いステージだという仮説でした。しかし、安定期ではすでに支柱項目のスコアが低下し始めています。もしかすると「安定期は、すでに離脱期の始まり」なのかもしれません。

これは恋愛に例えてみればわかりやすいですね。出会い始めの2人はいつもわくわくして、どんなことでも新鮮に感じます。しかし、いつしかその高揚感は消え失せ、マンネリ感が強くなります。別に嫌いになったわけではないのですが、昔のようにドキドキしないのです。そうなると「別れの日」もそう遠い未来ではありません。**まさに「安定期は、離脱期の始まり」なのです。**

こうした分析を踏まえて、私たちが修正したモデルは図のようなものです（下図）。

人は学習期に留まっている限り、その行動は順調に反復され、習慣として持続していきます。しかし、自分でも気づかないなにかの理由でその行動を支えていた支柱が弱ると、その行動が少し弱体化し、リソースが増えも減りもしない、というバランスに移行します。それが安定期です。そして、さらに支柱が弱っていったときに、バランスが崩れてその

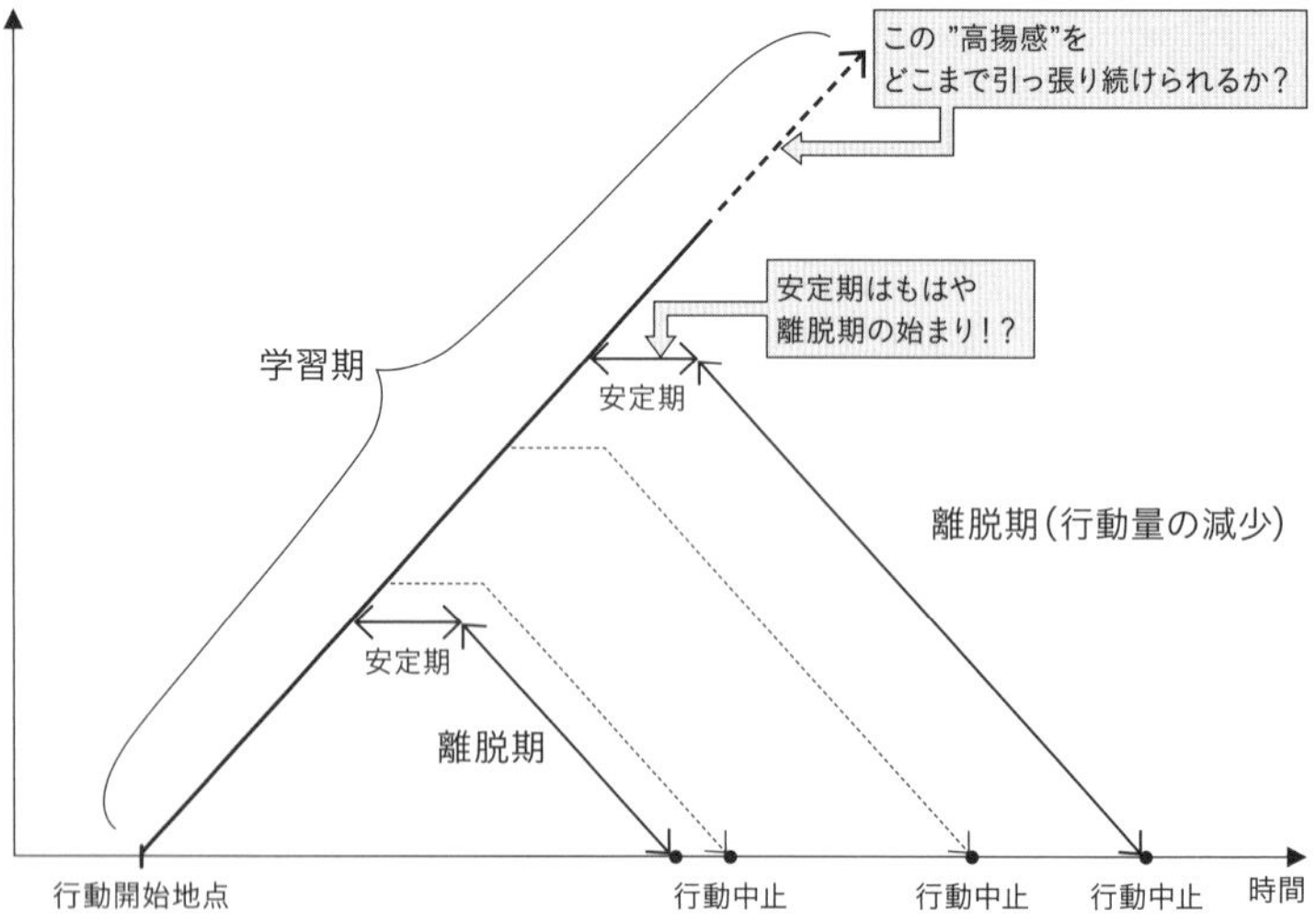

図8-5 3ステージ修正仮説

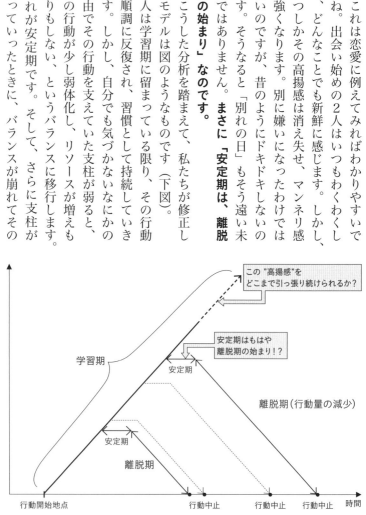

行動を支えきれず、行動が中止・離脱に至る（離脱期に移行する）、というモデルです。

ゲームで言えば、自分がそこそこ強くなってしまったので課金アイテムを購入する必要を感じなくなり、そのままにしていたら急に強敵に勝てなくなってしまって、面白くなくなってしまう、というような状況です。

しかし、そうなってしまったときは、小手先のＣＲＭ施策でフォローしてもおそらくもう手遅れです。初めから出口の見えない迷路に引き込んで、飽きさせないようにしておく努力が必要だったのです。

▼▼▼「習慣化」のモデルは一つではない

ワインや骨董、呉服などの嗜好品はよく「奥が深い」と表現されます。一度、その道にハマってしまうと、どこまで行っても「すべてを理解し尽くした」というゴールに到達することはないのです。嗜好品の世界はまさに「永遠の学習期」と言えるかもしれません。

趣味の雑誌を、毎月小出しにして発行し、それを1年かけて揃えていく「パートワーク」という出版のやり方があります。これも、「学習期」を引っ張って購買行動を持続・習慣化させる一つのやり方だと思います。

本章では『快・近・効』をキーワードに、行動の習慣化を支えているファクターについて解説してきました。『快・近・効』モデルは行動習慣化にとって身体的・生理的な感覚に働きかけることの重要性を示唆しています。これは「体が動くことで、心が動く」という研究所の知見とも齟齬《そご》がありません。

しかし、このモデルだけが行動を習慣化させる要因ではないはずです。むしろ『快・近・効』はある行動から離脱させないために押さえておくべき〝チェックポイント〟のようなものではないか、という気もしています。

今どきの競争環境の中で、「気持ち良くない、楽しくないもの」「割高で不便で手に入れにくいもの」「自分にとっていいと思えないもの」などは、そもそも採用されにくいし、続くはずもないのです。

第4章で紹介した、時間認識を活用した「周期化」「毎日化」などの手口（行動フレーミング）も、知らず知らずのうちにある行動を習慣的に反復させる仕掛けになっています。もっと事例を集めていくと、他にも手口が見つかるかもしれません。

私たち研究所の「習慣化」に関する研究は始まったばかりです。

行動データが整備されれば中長期的な時間軸でのトレースも可能になっていくでしょう。すでに購買データに関しては同じ一人の購買履歴で継続や中止、スイッチの事実を把握する仕組みが整備されつつあります。

今後は、こうした行動データと心理学や社会学といった人間科学や脳科学などとの複合的・学際的な研究成果を期待したいと思います。

マーケティング道場・行動館入門【4日目】

演習問題❹ もっと日本人がお米を食べるようになるには？

「おはようございます。今日で最終日になりますが、よろしくお願いします」

「そうか、だいぶコツをつかんできたので、もう少し鍛えてやりたかったが。まあ会社に戻って〝真剣〟で腕試しをするのも悪くなかろう」

「今日はまだお題をいただいていないのですが、ぶっつけ本番ということですね」

「そうだ。今日のお題は、かなり難易度が高いから、これを即興で答えられたら相当力がついてきたと思っていい。さて、道場の床の間に置いてあるこれがなにかわかるかな？」

「米俵？　あ、つまりお米がお題ですか？」

「その通り。今、日本人の〝米離れ〟の進行が止まらないのだ。全国民が平均して一食につきもう一口（1年で5kg分に相当）食べると食料自給率が1%上がるという計算があるので、国もそこを努力目標にしてさまざまな手は打っているのだが、これといった決め手に欠ける、というのが現状だ。ところで君はご飯は毎日食べているかね？」

「私はご飯は大好きですが、そういえば昨日は昼がパスタ、夜はお好み焼きだったし、今日も朝はパン、昼はカレーうどんだったので、たしかにお米は思ってるほど食べてないですね」

「そうなんだ。昔に比べて主食の選択肢が大きく広がったことが米の消費量低下の理由の一つだろう」

「お米は太る、というイメージがあって、若い女性がダイエットのためにご飯を抜いたりしていますよね」

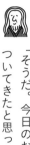

「実は、今、女性の低栄養がむしろ問題になっているんだ。あまりに炭水化物を控えることで総カロリーが不足してしまうんだ。お米はタンパク質もバランスよく含んでいて腹持ちもいいから、小麦粉のパンや麺に比べて特に米が太りやすいということはないんだよ。このことは以前からずっと啓蒙活動をしているんだが、どうもなかなか浸透しない」

「最近は〝グルテンフリー〟ということでお米が再注目されていますよね」

「そうした話題が、実際のお米の消費、つまり『米食行動』につながっていないことが、まさに課題なんだ。さあ、君のアイデアを聞こうじゃないか」

「どんな行動スイッチや、行動チャンスがあるか、ですよね。お茶碗に山盛りになった炊きたてのご飯の写真を見ると、つい唾液が出てしまいます。湯気の立っているご飯の写真をあちこちに掲出してはどうでしょうか？　一種の行動スイッチになるんじゃないでしょうか」

「君は〝米離れ〟という現象と、米への意識の関係を考えてみたかね？　米が嫌いになったから、食べなくなったのだろうか。さっき君は〝ご飯は大好きだ〟と言っていたが、実際にはそんなに食べていなかったじゃないか」

「たしかに、炊きたてのほかほかご飯が嫌いだ、という日本人はあまりいませんね。意識と行動は必ずしも相関しない、という実例ですね。実際、お店で土鍋ご飯が出たりするとついお代わりをしてしまいます」

「そうなんだ。出てきたら、つい食べてしまう。ご飯が進むおかずがあったら、もう止まらない。これがお米の力なんだ。それくらい魅力的な対象なのに、なぜ離れていく人が多いんだろう？」

「あ！　逆なんですね。お米がまずいから米離れなんじゃなくて、むしろ〝うますぎる〟から、食べすぎるのが怖くてお米に近づかないのかもしれません。だったら、お米をもっと食べにくくするのはどうでしょう。例えば、玄米食を推奨するとか」

「たしかに玄米はもっと注目されてもいいと思う。水に浸す時間を長く取らなくてはならないという問題はあるが、研《と》がなくていいし、なによりも体にいい栄養分が白米に比べて多量に含まれているんだ。白米は、食感もいいし見た目も美しいが、実はお米の糠《ぬか》の部分にあるせっかくの栄養素を削ぎ落としてしまった後の食べ物なんだよ」

「玄米という名前を変えてみてはどうでしょうか。よく白米を〝銀シャリ〟と言いますよね。じゃあ玄米を〝金シャリ〟と呼んでみるとか」

「即興で思いついたにしてはいい案じゃないか。そう、白米が上で、玄米が下、という序列が〝フレーミング〟されてしまっているのを変えなくてはならないんだ。今は〝健康ブーム〟なので、一度玄米の栄養機能性がちゃんと伝われば、もっと玄米食が増える可能性はあると思うよ。ただ、ここで気をつけなくてはいけないポイントはなんだろう？」

「ああ、『快・近・効』ですね。習慣化させるためには、とにかくアクセシビリティがいいこと、楽しさがあること、自分にとってのメリットがあること、でしたね」

「健康意識の高い女性やシニアには、栄養機能性という点で『自分にとってのメリット』はじゅうぶんあるはずだ。あとは、アクセシビリティと、快感要素だね。どうすればいい？」

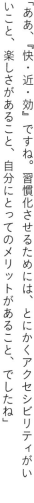

「玄米を家で炊くのはちょっと面倒な気がします。外食で玄米がもっと普通に出てくると楽でいいんでしょうね。メニュー次第では、快感も担保できます」

「どんなメニューなら、快感につながるかな?」

「いつもの白米のメニューをただ玄米に置き換えただけでは、正直あまり嬉しくありません。そうだ、水分の多い白米だとべちゃっとしてしまう、汁や油分の多いメニューならむしろ玄米のほうがおいしいかもしれませんね」

「まさに、インド料理やタイ料理などのエスニックメニューには玄米がよく合うんじゃ。炒飯や汁かけご飯なんかの中華風メニューも試してみたが、けっこういけるぞ」

「和食の白米をいきなり玄米に置き換えるんじゃなくて、和食の隣の中華やエスニックに合わせるというのは一種の〝レーンチェンジ〟法ではありませんか?」

「ご名答。これだけ食が洋風化・多国籍化しているのなら、主食であるお米もそれに合った進化をすべきなのだ。それなのに、日本人はあまりにも〝和のお米〟の原風景=茶碗に盛った炊きたてご飯とみそ汁と焼き魚、という光景に囚われてしまっている。実際にはそんな食事を食べる頻度がかなり減っているのにもかかわらずだ」

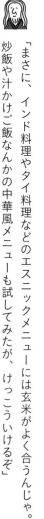

「脳の中の既存のフレームを転換させる『行動フレーミング』を考えよ、ということですね。いっそ、お米を洋風に料理する食文化を逆輸入する、という大胆な発想はどうでしょうか」

「それはいい。日本のコーヒー文化を〝シアトル・コーヒー〟が席巻したように、海外で人気が出たフードは必ずと言っていいほど日本に上陸してくるからのう」

「外国の方って、けっこうお寿司が好きじゃないですか。でも生魚が苦手な人も多いから、もっと洋風のお寿司メニューを創案して、それを海外から逆輸入するのがいいんじゃないでしょうか」

「たしかに『カリフォルニアロール』もすっかり定番メニューに定着したからなあ」

「必ずしも魚にこだわらなくてもいいと思うんです。お寿司と考えずにＳＵＳＨＩ、と考えたら肉巻きロールでも、チリ・タコスロールでも、なんでもありじゃないですか」

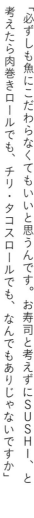

「お寿司は食べたいが、生魚はちょっと苦手。そこが外国人にとっての行動チャンスだね。日本でも食が洋風化して、魚離れが進んでいるから、特にこれからの若い世代は、肉と野菜を酢飯と合わせたニューウェーブのＳＵＳＨＩは大歓迎かもしれないね」

「お寿司のよさは芸術品のような美しさだと思います。肉と野菜のカラフルなＳＵＳＨＩはお寿司の一つの進化系かもしれませんね。片手で食べられるというのもスマートです」

「それならおにぎりがすでにあるじゃないか、と思ってしまうのだが、たしかにおにぎりに比べてお寿司のほうが外国人には人気があるように見えるな。なにが違うんだろう」

「おにぎりの原風景は、日本のお母さんやおばあちゃんの手のひらのぬくもりです。一方でお寿司は匠（職人）がサムライのように一瞬でつくり出すアートじゃないですか。だから外国人に受けるんだと思います」

「なるほど、それは説得力があるなあ。おっと、すっかり入門生に丸め込まれてしまったぞ。よろしい、免許皆伝ということで、これにて稽古は終了」

結びにかえて
行動デザインで未来を発明する

筆者らの所属する博報堂は「未来を発明する会社へ。」というビジョンを掲げています。未来は受け身で待つものではなく、自ら主体的につくり出していくものだ、という考え方です。ちょっとわくわくしませんか？

発明ということばを少し広く捉えると、デザインということばとほぼ同義語になると思います。今、**マーケティング・プランナーに求められているのは、「より良い未来をデザインしようとする意志」**ではないでしょうか。

「行動デザイン」という発想に今後も耐久性があるかどうかは、社会の「未来」に対して「行動デザイン」が貢献できるかどうかにかかっていると思います。例えば、「健康」。これは、これからのマーケティングにとって非常に重要な課題です。

医療費高騰という行政（財政）上の課題も深刻なのですが、それ以上に高齢化する未来社会では高齢者が元気でないと消費市場が大きくシュリンクしてしまうからです。

この問題に「行動デザイン」は解決策を提供できるでしょうか。

ある消費財メーカーの方がこんなことをお話しされていました。高齢者が家の中にこもりきりになってしまうと洗剤が売れなくなるというのです。汗をかかないからです。シャンプーやヘアスタイリング剤も同じです。出かけるということは人に会うということです。人に会わないならファッションも化粧も、どうでもよくなってしまいます。

つまり、未来の消費市場は高齢者が元気に外を出歩けるかどうかにかかっている、というのです。

これは、まさに「行動デザイン」が必要とされるシチュエーションではないでしょうか。高齢化するほど体を動かすのがおっくうになっていきます。そんな人たちにどう外出する動機を提供し、そこに「思わず外に出たくなる」仕掛け＝**〝外出行動〟誘発装置**を用意していくか。彼らの「外出行動スイッチ」「外出行動チャンス」を発見していく目線も重要です。まさに「行動デザイン」の発想と知見をフル活用するべき状況なのです。

最近は書店内やショッピングモールの廊下にゆったりした椅子を設置する小売業が増えています。

あちこちに「ちょうどいい休憩スペース」を用意することも、高齢者の歩行量を確保するポイントです。

未来は、そのときになってから考えることではありません。すでに未来は始まっているからです。「今」を未来志向でデザインすることが、未来のデザインなのです。高齢者の健康課題に〝サルコペニア〟という症候群があります。

これは主に筋力と筋肉量の大幅な低下が原因です。筋肉が落ちると同時に骨も細く、もろくなっていきます。しかし高齢になってから筋肉量を増加させるのは至難の技です。

「骨貯金」という発想があります。骨量のピークは10〜20代。せめて30代までに運動をして骨量を増やしておかないと〝骨粗《こつそ》しょう症〟のリスクも増大します。今、あまり運動に積極的でない（その余裕がない）多忙な20〜30代のオフィスワーカー（特に女性）に「骨貯金」をしてもらうことが、「健康な未来」のための行動デザインなのです。

私たちは、こうした**「健康行動デザイン」**の事業性に大きな可能性を感じています。

昨今、「IoT」（インターネット・オブ・シングス）というキーワードが頻出するようになりました。携帯電話がインターネットに常時接続できるようになったものが「スマホ」ですが、電話機だけでなく時計や衣類、さらには家電や調理器具までもが通信機能を持ってネットに常時接続するようになる、というのが「IoT」のコンセプトです。

高齢者の外出行動をサポートする道具にこうしたハイテク機能を実装することも有効だと思います。センサーがついて転倒を予防するストック（杖）があったら、歩き回るのが楽しくなります。

もちろんハイテクだけではなく、アウトドアブランドのようなファッション性の高いデザインにすることも、これからのシニアにとっては不可欠な要素です。自動車の自動運転化も、シニアの行動半径を拡張するために必須の技術になるでしょう。

気をつけなくてはいけないのが、「ＩｏＴ」の議論がつい、モノ発想になりがちなことです。

高齢者の健康課題はモノだけでは解決できません。寝たきり、あるいは引きこもりの高齢者の周りに「ＩｏＴ」機器が溢れかえっている未来なんて、ぞっとしませんか？

「ＩｏＴ」の活かしどころは、それを「行動誘発装置」として、新しい高齢者の外出行動を刺激することにあるのです。

「ＩｏＴ」化のメリットの一つは、行動データを取得できるというところです。玄関のドアが「ＩｏＴ」化されれば外出状況が把握できます。

高齢者の健康課題に限らず、生活者の行動がリアルデータで把握できるようになると、「行動デザイン」の精度ももっと上がっていくはずです。現状では「その行動デザインで、実際に人はどれくらい動いたのか？」という効果測定がまだまだ未整備なのです。

「ＩｏＴ」だけではありません。ポイントカード（ＩＤカード）と購買データとネット検索行動を組み合わせれば、個人の消費行動はかなりクリアになります。

そこにスマホなど携帯機器を組み合わせると、ＧＰＳデータやＷｉ―Ｆｉスポットへのチェックイン履歴がありますから、その人が毎日どんな生活行動をしているかがさらに明確になっていきます。

もちろん、いくらこうしたデータ環境が整備されても、それで**「人は思うほど動かない」**という本質が変わるわけではありません。ＧＰＳデータを日々追いかけてみたら、むしろその人がいかに「動いていないか」がはっきりするかもしれません。

でも、そのデータの中のちょっとした〝揺らぎ〟＝寄り道のような行動が見つかれば、そこから行動スイッチや行動チャンスを発見することもできるはずです。

私たちが〝生活者ビッグデータ〟に期待しているのは、今はプランナー個人の勘にたよっている「仮説」の確からしさがより補強されることです。そうなると、もっとダイナミックな「行動デザイン」が生まれる可能性が高くなります。

世代や価値観が違う上司でも「それなら、やってみようか」と決裁のハンコをついてくれるかもしれないからです。

こうした発想の転換から、閉塞した市場環境を突破するイノベーティブなマーケティングアイデアが次々と生み出される状況が、私たちが希望する未来の姿です。それは単に「モノ（製品）をどう売るか」というアイデアではないはずです。「行動ゴール」は、モノを売ることで終わらず、そのモノによってどう豊かな未来社会を実現するか、に拡張されていくでしょう。

そのとき問われるのはその製品を使った「○○行動」（例えば健康行動）を本当に生活者が実行するかどうか、なのです。頭ではわかっていてもついつい後回しになるのが「行動」の本質です。つまり企業のビジョンを「社会」に拡張すればするほど、その構成員である生活者一人ひとりの行動変化をつくり出すこと、つまり「行動デザイン」が必要になってくるのです。

今後、医療の進化などにより日本人の平均寿命はますます伸びて、100歳まで到達する可能性が高いと言われています。2025年に日本人の平均年齢はほぼ50歳になります。つまり「あと50年をどうよく生きるか」が、平均的な日本人の大きなテーマになっていくのです。

それは、決して暗い未来ではありません。いろんな新ビジネスの可能性がある、チャンスに満ちた社会だと思います。本書をきっかけにして、読者の皆様が「未来の新しい行動をつくり出すマーケティング」にチャレンジしていただけたら、それはこの上ない本望です。

最後になりましたが、本書出版の機会を提供いただき執筆を叱咤激励してくださったすばる舎のみなさん、そして「行動デザイン」というアイデアの肉づけと普及啓蒙を日夜、手伝ってきてくれた行動デザイン研究所の歴代メンバーに心から感謝します。結びの「健康行動デザイン」のアイデアに関しては株式会社ルネサンスの髙﨑尚樹専務との出会いが大きな刺激になりました。

第2章のダイレクトマーケティングの項は、同僚の櫻木裕之君に貴重な示唆をもらいました。第5章の「生活日記調査」は、辻中俊樹先生のノウハウの結晶です。認知心理学的な視点は渡邊克巳先生（現・早稲田大学教授）にサポートしていただきました。

また「行動デザイン研究所」の設立を通じて私の「行動デザイン人生」のスタートをお膳立てしてくださった博報堂ＭＤ戦略センターの諸先輩方、そして事例の紹介を許諾してくださった各企業の皆様と弊社担当営業にこの場をお借りして深くお礼を申し上げて、結びとさせていただきます。

２０１６年７月
筆者

参考文献リスト（五十音順）

『イノベーション普及学』E・M・ロジャーズ　青池愼一、宇野善康［監訳］　産能大学出版部　1990
『影響力の武器［第二版］　なぜ、人は動かされるのか』ロバート・B・チャルディーニ　社会行動研究会［訳］　誠信書房　2007
『感情心理学・入門』大平英樹［編］　有斐閣　2010
『心と行動の進化を探る　人間行動進化学入門』五百部裕、小田亮［編］　朝倉書店　2013
『心を動かすデザインの秘密　認知心理学から見る新しいデザイン学』荷方邦夫　実務教育出版　2013
『しらずしらず　あなたの9割を支配する「無意識」を科学する』レナード・ムロディナウ　茂木健一郎［解説］　水谷淳［訳］　ダイヤモンド社　2013
『進化と感情から解き明かす　社会心理学』北村英哉、大坪庸介　有斐閣　2012
『進化と人間行動』長谷川寿一、長谷川眞理子　東京大学出版会　2000
『新版　アフォーダンス』佐々木正人　岩波書店　2015
『たまたま　日常に潜む「偶然」を科学する』レナード・ムロディナウ　田中三彦［訳］　ダイヤモンド社　2009
『手書きの戦略論　「人を動かす」7つのコミュニケーション戦略』磯部光毅　宣伝会議　2016
『脳には妙なクセがある』池谷裕二　扶桑社　2012
『マーケティングの嘘　団塊シニアと子育てママの真実』辻中俊樹、櫻井光行　新潮社　2015
『問題解決に効く「行為のデザイン」思考法』村田智明　CCCメディアハウス　2015
『楽天大学学長が教える　「ビジネス頭」の磨き方』仲山進也　サンマーク出版　2010
『わが社のお茶が1本30万円でも売れる理由　ロイヤルブルーティー成功の秘密』吉本桂子　祥伝社　2015
『Hooked　ハマるしかけ　使われつづけるサービスを生み出す［心理学］×［デザイン］の新ルール』ニール・イヤール、ライアン・フーバー　Hooked翻訳チーム（金山裕樹、高橋雄介、山田案稜、TNB編集部）［訳］　翔泳社　2014
『9割の人間は行動経済学のカモである　非合理な心をつかみ、合理的に顧客を動かす』橋本之克　経済界　2014

加代子と真愛へ

〈著者紹介〉

博報堂行動デザイン研究所（はくほうどうこうどうでざいんけんきゅうじょ）

行動デザイン研究所は㈱博報堂が「人を動かすマーケティング」を研究・実践する新組織として2013年に設立。

国内外の膨大な事例から抽出した「人を動かす」知見を活用し、生活者のリアルな行動を促す「行動デザイン発想」のプランニングを支援している。

「事業収益を生み出す顧客行動」をゴールとして明確化することで、クライアントのビジネス成果に直結したプランニングを提供することがミッション。

國田 圭作（くにた・けいさく）

博報堂行動デザイン研究所所長。1959年生まれ、1982年東京大学文学部卒業後、㈱博報堂に入社。

以来、一貫してプロモーションの実務と研究に従事。2013年より現職。

大手ビールメーカー、大手自動車メーカーをはじめ、食品、飲料、化粧品、家電などのブランドマーケティング、商品開発、流通開発などのプロジェクトを手掛ける。

2006年に行われた第53回カンヌ国際広告祭の部門賞（プロモライオン）で審査員を務める。

共著に『幸せの新しいものさし』（PHP研究所）がある。


人を動かすマーケティングの新戦略　「行動デザイン」の教科書

2016年 8月19日　第1刷発行
2018年 4月24日　第7刷発行

著　者——博報堂行動デザイン研究所
　　　　　國田 圭作

発行者——徳留慶太郎

発行所——株式会社すばる舎
〒170-0013 東京都豊島区東池袋3-9-7 東池袋織本ビル
TEL　03-3981-8651（代表）　03-3981-0767（営業部）
振替　00140-7-116563
http://www.subarusya.jp/

印　刷——ベクトル印刷株式会社

落丁・乱丁本はお取り替えいたします

ISBN978-4-7991-0498-9